経営原論

実学の精神と越境力

谷口和弘著

培風館

本書の無断複写は，著作権法上での例外を除き，禁じられています。
本書を複写される場合は，その都度当社の許諾を得てください。

はじめに

　2008年の年末に本書の企画を頂いて以来，思考錯誤を重ねていくうちに在外研究期間をむかえ，2010年の秋には慌ただしく日本を離れることになってしまった。当初，自分が担当する講義の学生に向けて，経営学の基本となるような教科書を執筆するつもりで大まかな構想を描きはじめたものの，2011年3月11日に発生した東日本大震災の後，大幅な軌道修正をすべきだと考え，会社，資本主義，持続可能性などの幅広い問題を取り上げることとし，ようやく本書が完成するにいたった。

　本書では，経営の基本を理解するという目的の下，そのためのカギとして戦略，組織，ガバナンスに焦点をあてた。この点にかんして，主として本書は，前著『組織の実学 ── 個人と組織の共進化』（NTT出版，2008年），『戦略の実学 ── 際立つ個人・際立つ企業』（NTT出版，2006年），『企業の境界と組織アーキテクチャ ── 企業制度論序説』（NTT出版，2006年）の3冊を下敷きとして，新たに事例・理論を加味して書きなおしたものである。そのため，それらの一部を転用した箇所もある。さらに本書においては，最近の講義，セミナー，講演などで話してきた内容も反

映させるとともに，東日本大震災，福島原発危機を経験したポスト3.11時代に，われわれが直面しているさまざまな問題に取り組むうえで有用な，経営の根本となる理論や事例を紹介するよう注力した。

　本書は，「経営を考える際のカギとして会社の戦略・組織・ガバナンス（統治）だけでなく，会社が原動力となっている現代資本主義にも注目しながら，グローバル時代の経営の根本になる理論」を意図する。東日本大震災を経験する以前のプレ3.11時代には，総じて，グローバル経済における日本のガラパゴス化が問題にされていた。すなわち，内向き志向を強め，世界で戦うことを回避している日本の若者，そして過去の成功体験にあまんじ，モノづくりをつうじて局所解を精緻化することに慣れてしまった日本企業が，グローバル時代をどう乗り越えていくべきかが問われた。本書第1章でも示唆したように，内向きの指示待ち人間をどのようにして外向きの壁越え人間，すなわちグローバル人材に変えることができるかは，日本企業にとって近年の経営課題となっていたようである。こうした状況で突如，東日本大震災がおき，その直後に福島第一原発事故が日本に襲いかかった。かくしてポスト3.11時代では，カタストロフィ（大災害）にたいする迅速な対応が重要な経営課題となりうる。

　私は，東日本大震災については，出張先へ向かう途中のイギリス・ヒースロー空港で知り，その後の福島第一原発事故については，出張先のアメリカ・ニューヨークで知ることとなった。そして，イギリス・ケンブリッジの自宅に戻ると，原発事故の当事者である日本政府や東京電力などの不適切な対応，そして適切な情報を適時に供給しえないテレビ・新聞などのマスコミが国際的な

批判の対象とされていることを把握した。総じて日本は，危機時の迅速な対応に弱いだけでなく，平時のシステムの慣性があまりにも強すぎて適切な対応ができないことが露呈した。さしずめ，福島第一原発事故後の一連の深刻な国家的・世界的問題である福島原発危機は，日本の資本主義の危機の縮図となっているような気さえした。

日本政府，とりわけ通産省が主導したとされる開発主義国家型の経済発展システムは，戦後日本の経済発展を支えてきたといわれる。その過程で電力産業，ひいてはその中核をなす原発がはたしてきた役割は，他の産業部門にたいする経済波及効果の大きさという点で重要な意味をもっていたことに間違いない。さらに電源三法の下，地域発展システムとしての原発は，とくに電源立地である地方自治体の長にとって地域経済を発展させるうえで安定的な解となったようである。

だが問題は，日本という国の中枢をなす一部の政治家，一部の官僚，一部の経営者などにとっては，過去の状態を守り，現在をそのままの状態に凍結させて未来に受け渡していくことが，秩序の維持 ── 彼らがいう「国民の生活を守るため」── という大義の下，最重要課題とされている点である。だが危機時において，平時の成功モデルはすでに陳腐化しているかもしれないということを誤認してはならない。というのも，会社にせよ，国にせよ，成功症候群におかされてしまうことがあり，その場合，秩序の維持は，陳腐化した制度を生きながらえさせるための呪文でしかないこともあるからである。

結局，日本の中枢において，ガラパゴス化している分子が存在しているとすれば，ガラパゴス化していない分子が，日本という

国の持続可能性を守るという重大な使命をになうことになろう。新しい柔軟な資本主義やビジネス・モデルのリデザインに取り組み，日本という国のかたち，日本の会社のかたちを見直していく過程では，冷静な頭脳と熱いハート，さらにいえばイノベーションに向けた機敏な行動が必要とされる。だが，環境変化を認識することで資産の再配置をすすめねばならないという点では，ダイナミック・ケイパビリティが重要な意味をもつ。とりわけ国，地方自治体，会社などを経営する立場にあるような日本の中枢にいる人たちに求められているのは，そうしたダイナミック・ケイパビリティにほかならない。

謝　辞

　本書を執筆するにあたって，実に多くの方々にご助力を賜った。ただし，いうまでもなく本書の内容についての責任，およびありうべき過誤についての責任については，すべて著者にあることをここで明らかにしておきたい。記述については，基本的には文脈に応じて当時の肩書・職位にもとづいているうえ，非礼ながら敬称を省略した部分もある。この点，ご容赦頂きたい。そして内容については，執筆時点後の展開によって変更すべき箇所が不可避的に生じているかもしれない。以上，あらかじめ理解して頂ければと思う。

　お世話になったすべての方々のお名前を記す代わりに，ここで御礼を申し上げるにとどめたい。とくに，本書の執筆にあたり貴重なご教示を賜った方々については，そのお名前を以下に記しておきたい。まず，青木昌彦名誉教授，サイモン・ディーキン（Simon Deakin）教授，マーク・フルーエン（Mark Fruin）

教授，木戸一夫教授，リチャード・ラングロワ（Richard Langlois）教授，サイモン・ラーマウント（Simon Learmount）博士，李維安教授，クリストス・ピテリス（Christos Pitelis）博士，清水雅彦名誉教授，瀧澤弘和教授，谷口美樹氏，植竹晃久名誉教授，渡部直樹教授，吉森賢名誉教授にたいして御礼申し上げたい。

なかでも，ディーキン教授とピテリス博士にたいしては，著者の 2010 年 11 月から 2012 年 10 月まで 2 年間にわたる在外研究期間中，それぞれケンブリッジ大学企業研究センター（Centre for Business Research, University of Cambridge），ケンブリッジ・ジャッジ・ビジネススクール（Cambridge Judge Business School）において，ホストとして便宜を図って頂いたことに御礼申し上げたい。私見によれば，少なくともイギリスの学界では，福島原発危機にたいする関心はとても高いように思われる。今後，日本の学界をはじめ政財界も含めあまねく，われわれは超学際的な視点からこの問題にたいする理解を深め，その成果を世界に発信することで地球の持続可能性に貢献する義務があろう。

福島原発危機の事例について，有冨正憲教授，カルミネ・ダゴスティーノ（Carmine D'Agostino）博士，ピエール・コッカロル（Pierre Kockerols）氏には，貴重なご示唆を賜ったことに心よりお礼申し上げたい。他方，本書で取り上げた福島原発危機以外の事例について，オリバ・デ・パラビチーニ（Oliva de Paravicini）氏，江崎哲彦氏，儀間敦夫氏，河原茂晴氏，松村敦氏，溝江冨久雄氏，水戸部啓一氏には，インタビューの機会をつうじて貴重なご示唆を賜ったことに深く御礼申し上げたい。そして最後に，本書の出版と編集を担当して下さった培風館の編集者の松本

和宣氏に心より御礼申し上げたい。松本氏の寛容なご支援，行き届いた編集の作業がなければ，本書は完成までこぎつけられなかったであろう。

2012 年 10 月
ケンブリッジ大学企業研究センターの研究室にて
谷口和弘

本書の読み方

　本書は,経営の基本を理解するという目的をもつ。そのためのカギとして,企業の戦略・組織・ガバナンスに焦点をあてている。したがって,第4章（戦略）,第5章（組織）,第6章（ガバナンス）を重点的に理解してほしい。第4章では,戦略経営のさまざまなフレームワーク（枠組）を紹介しているが,さらにそれらを調べてよく理解し,現実の会社を対象にした分析を試みるとよい。第5章では,とくに組織デザインにおける経営者の役割を理解するために,事例研究を扱っているが,自分が関心をもつ会社,経営者など他の事例についても調べてみるとよい。そして第6章では,コーポレート・ガバナンスを単に会社にとどまることなく,資本主義という広い観点から理解するように記述した。会社,国,地球などと広がっていく階層的なシステムのガバナンスについて,持続可能性という観点から考えてほしい。

　基本的に本書は,大学での「経営学」の講義向けの標準的なテキストとは内容が異なる。そのねらいについては,本書の副題と同じ主題を付した第1章のなかで述べている。しかし,会社の性質,経営の基本などの基本事項を理解できる内容となっているので,学部生の講義・ゼミなどのテキストとして利用できる。さらに会社の研修・セミナーなどで,ビジネス・パーソンがビジネス・センスを育成するための題材として利用することもできる。また会社経営にとどまらず,日本の資本主義,福島原発危機,電力産業,地球の持続可能性などの幅広い重要な話題を扱っている

ので，経営者，官僚，政治家の方々を含めさまざまなバックグラウンドをもつ人たちに，これらの話題についての思考材料を提供することを願ってもいる。

　本書では，カタカナの専門用語が多用される。極力，その説明を付すとともに，マル括弧をつけてその日本語訳を記すようにした。とくに重要だと思われる専門用語は，太字で記している（専門用語は，最初に登場する箇所で太字になっているとは限らないが，それは，読者の注意を喚起するためである）。基本的に，自分で理解できない専門用語は自分で調べて意味を把握し，それらを用いて議論ができるようにしてほしい。さらに，第1章から第7章までの各章は，それぞれ独立した構成になっている。そのため，自分の関心のある章から読みはじめてさしつかえない。

　これらのなかでも，第2章にはやや専門的な話も含まれている。だが，認知技術としての類推的推論を身につけられるよう，納得いくまで読み返してほしい。そして第3章では，経済学の基礎についてふれている箇所がある。さらに詳しい内容については，すでに出版されている多くのすぐれたミクロ経済学のテキストを調べてみるとよい。

　そして各章の末尾には，「トーク・テーマ」「さらに深く学びたい人へ」という課題を設けた。いずれも，グループ単位でのディスカッションの題材となりうるので，個人またはグループでこれらの課題を調べ，その成果についてグループで議論してみるとよいだろう。また，「さらに深く学びたい人へ」には英語文献が記されている箇所もあるので，日本語にとどまらず英語で思考するための機会として利用してほしい。

目　次

第1章　実学の精神と越境力 ―――――― 1
―― 国際感覚とバランス感覚を磨く

グローバル時代の経営の根本となる理論,
　それが経営原論である ………………………… 1
グローバル時代の重要な話題
　―― 日本における原子力発電の歴史 ………… 3
グローバル時代に求められる要素
　―― ガラパゴス化を超えて …………………… 7
人間を支える拡延的認知資産 …………………… 12
実学の精神にもとづく越境力 …………………… 15
ものづくりのガラパゴス化からガバナンスの
　ガラパゴス化へ ………………………………… 20
人間・環境・制度 ………………………………… 25
国際感覚にもとづくシステム思考 ……………… 27
バランス感覚にもとづく統合思考 ……………… 31
　　文武両道　　31
　　経営と多能　　33

第2章 人間の認知行動 ―― 40
―― 制度経済学と認知科学

人間の意思決定 ……………………………… 40
制度経済学とは何か ………………………… 43
比較制度分析の制度観 ……………………… 45
認知科学と認知活動 ………………………… 50
  認知技術としてのレトリック　50
  経済学と経営学におけるレトリック ―― 3つの手　53
推論の方法 …………………………………… 54
  演繹・帰納・アブダクション　54
  ヒューリスティクスの多様性　57
  認知バイアスを小さくする　59
類推的推論の方法 …………………………… 65
  アナロジーからイノベーションへ　65
  松下幸之助の水道哲学　68
ネオ・カーネギー学派と事例研究 ………… 70

第3章 企業・会社・コーポレーション ―― 77

企業と会社の違い …………………………… 77
ミクロ経済学における企業 ………………… 78
日本の電力産業の三種の神器と独占の弊害 …… 85
競争のダイナミクス ………………………… 89
権限メカニズムとしての企業 ……………… 92
ケイパビリティの集合体としての企業 …… 94
壁越えのためのダイナミック・ケイパビリティ …… 96
劇的な環境変化への対処の難しさ
  ―― 福島第一原発事故 ………………… 98
会社とは何か ………………………………… 100
永続的な社団組織としてのコーポレーション …… 104

第4章　戦略と環境 ——————————— 109

ビジョンとは何か ……………………………… 109
戦略の性質 ……………………………………… 113
　競争に勝つ　113
　戦略の階層性　114
ビジネス・モデルとは何か …………………… 116
　価値創造と価値獲得に向けて　116
　ビジネス・モデルの意味　117
　ビジネス・モデルをつくる　117
　日本企業の問題　121
他とは違う際立った存在になる ……………… 122
戦略経営論の5つの考え方 …………………… 125
ポジショニング論と基本戦略 ………………… 126
　競争とポジショニング　126
　ファイブ・フォース・モデル　127
　3つの基本戦略　129
　バリュー・チェーンと活動システム　131
資源ベース論とレント ………………………… 133
ゲーム理論と戦略の関係性 …………………… 137
ブルー・オーシャン戦略とバリュー・イノベーション ‥ 141
　競争のない市場をつくる　141
　シックス・パス　144
　フォー・アクション・フレームワーク　144
　戦略キャンバスと価値曲線　145
ダイナミック・ケイパビリティ・フレームワークと
　変化の創造 ……………………………………… 146
　ダイナミック・ケイパビリティとは何か　146
　日本の成功症候群とダイナミック・
　　ケイパビリティ　149

第5章　組織と経営者 ──────────── 154

- 事例から学ぶ ……………………………154
- 経営者の役割にかんする比較 ……………………155
    - 小林一三　155
    - 五島慶太　158
    - 小林と五島の比較　159
- オリオンビールの具志堅宗精 ……………………160
    - 会社の設立　160
    - ビール事業の資源・ケイパビリティ　162
    - オリオンビールを取り巻く環境　165
    - 変化を創造する　166
    - 宗精の企業観　167
- フォーシーズンズ・ホテルズ・アンド・リゾーツの
  イサドア・シャープ ……………………168
    - 会社の設立　168
    - ビジネス・モデルの新結合　169
    - ケイパビリティ移転の重要性　171
- 事例研究についての注意 …………………172
- 組織とは何か …………………………174
    - コーディネーションとモチベーション　174
    - 3つの組織形態　175
    - 組織文化とリーダーシップ　177
- 組織デザインの基礎概念 …………………179
    - 組織をつくる　179
    - 組織デザインにおけるトレードオフ　182
- 組織イノベーションとリーダーシップ …………186

第6章　ガバナンスと資本主義 ── 192

　ガバナンスとは何か ・・・・・・・・・・・・・・・・・・・・・・・・・・・192
　会社がもつヒトとモノの二面性 ・・・・・・・・・・・・・・・・・・・195
　資本主義の進化
　　── みえざる手、みえる手、消えゆく手 ・・・・・・・・196
　日本の社団資本主義における「会社のため」 ・・・・・・・200
　オリンパス事件にみる「会社のため」 ・・・・・・・・・・・・・202
　日本におけるガバナンスのガラパゴス化 ・・・・・・・・・・・205
　資本のグローバル化 ── Jパワー事件 ・・・・・・・・・・・・・207
　資本主義の課題としての持続可能性 ・・・・・・・・・・・・・・・209

第7章　グローバル時代の経営 ── 215

　個人の越境力から会社の
　　ネイティブ・ケイパビリティへ ・・・・・・・・・・・・・・・・215
　越境力の育成 ── サムスンとアサヒビール ・・・・・・・・217
　制度を導入しただけでは越境力は育成できない ・・・・・・218
　トレンチ戦争をとらえる視点
　　── バーバリーとアクアスキュータム ・・・・・・・・・・・220
　広い視野をもち競合の急襲に備える
　　── ナイキとリーニン ・・・・・・・・・・・・・・・・・・・・・・・223
　経営の日常化 ・・・・・・・・・・・・・・・・・・・・・・・・・・・・・・・・・225
　EBMで真摯さを超える ・・・・・・・・・・・・・・・・・・・・・・・・229
　福島原発危機で求められる思慮深さ ・・・・・・・・・・・・・・・231

索　　引　　　239

第1章

実学の精神と越境力
──国際感覚とバランス感覚を磨く

**グローバル時代の経営の根本となる理論，
それが経営原論である**

　日本の大学には，商学部，経営学部，経済学部などのさまざまな学部に経営学の関連科目が設置されており，必修であるか，そうでないかにかかわらず，それらを多くの学生が履修している。実際，私は商学部に所属し，これまで経営学に関連した複数の講義を担当してきた。経営学を学ぶ理由にかんする受講生とのやり取りから気づいたのは，概して彼らは，「経営者になりたいから」「就職に役立てたいから」「起業したいから」などといった具合に，実践ですぐに役立つ知識・ノウハウの習得を，講義に期待していることである。

　大学は，こうしたニーズを機敏に感知し，少子化時代の学生確保をめぐる厳しい競争環境のなかで生き残りをかけ，オリジナリティをうち出していかねばならない。そのため，未来の起業家，社会での即戦力になる人材育成に向け，とくに英語，IT，会計に

力を入れた実践教育を強調する大学もますます増えている。しかし,『僕武器』とよばれるビジネス・パーソンに人気の本には,英語,IT,会計の勉強は,人につかわれるための奴隷の学問にすぎないとある。そして起業家は,起業して成功するために特別な努力をしているわけではなく,自分が長いあいだ関心を抱いてきた物事に真摯に取り組んでいるうちに,気がついたら起業家になっていたというケースが多いようである[1]。彼らは,自分で正しい方向を見出し,それに向かい真摯に取り組むことで,他にはないオリジナリティ(独創性)の高い知識をえたのである。

　私の大学院時代の指導教授は,「すぐに役立つものはすぐに役立たなくなる」という名言をよく吐いていた。私はそれを,「誰でも簡単にアクセスできるものにはオリジナリティがないため,結局それは何の強みももたらさない」と解釈した。第4章で述べるが,まさにそれは,戦略経営論の1つの重要な柱をなす考え方――資源ベース論――にほかならない。学生は,自分にとって,通っている大学にとって,あるいは将来就職するであろう会社にとって,他とは違うオリジナリティをうち出す――際立つ――ことがいかに大切かだけでも,今から知っておいて損はないだろう。とくに,資本主義の原動力である会社で働くビジネス・パーソンは,自社の製品・サービスを際立たせることに日々腐心している[2]。

　私は,本書の主題・副題を『経営原論――実学の精神と越境力』としたが,ここでその理由について述べておこう。まず,主題に含まれた「経営」という要素からはじめよう。本書の企画の初期段階では,学部生・社会人を含めて「経営学にふれてみたい」「経営学をもう一度みなおしてみよう」といった人たちを

ターゲットに,経営学の基本について論じるつもりだった。しかしよく考えてみると,経営学説史にふれながら,定番のテーマを扱ったものから新しい時代のニーズをうまく取り入れたものまで,すぐれた経営学のテキストはすでに数多く存在する[3]。そのため私は,あえて経営学のテキスト市場に参入する代わりに,経営の基本を多面的に扱った本を書いてみようと思いいたった。また,主題のもう1つの要素である「原論」とは,「根本になる理論。また,それを論じたもの」(広辞苑[第6版],岩波書店,2008年)のことである。したがって本書は,「経営の根本になる理論。また,それを論じたもの」と位置づけられる。

ただし,本書にそうした位置づけを与えるにせよ,経営の根本にかかわるすべての事柄を網羅しつくすことはとうてい不可能である。したがって当然のことながら,議論の範囲を限定しなければならない。副題はそのためのものであり,主題が示す経営の根本になる理論を展開するにあたって,特定の対象に焦点をあて議論の範囲をしぼりこむという大切な役目をはたす。すなわち,本書で展開する経営原論は,経営を考える際のカギとして会社の戦略・組織・ガバナンス(統治)だけでなく,会社が原動力となっている現代資本主義にも注目しながら,**グローバル時代**の経営の根本になる理論を意図する。そして,**批判精神**に依拠して経営にまつわる現実を学び,広い視野にもとづいた**越境力**の育成を目的とする。

グローバル時代の重要な話題
── 日本における原子力発電の歴史

たとえばグローバル時代の印象的な出来事として,世界中の

人々の関心を集めている福島第一原子力発電所（以下，福島第一原発）での事故（以下，**福島第一原発事故**）に言及しておこう。福島県周辺の人々は，家・田畑などの財産にたいする大きな損害をうけ，今までの平穏な生活を瞬時に奪われた。人々が生活する権利，自由，機会，富，生存基盤などは総じて，哲学者ジョン・ロールズ（John Rawls）の表現にしたがえば，**基本財**とみなされる。つまり，人間であれば誰もが必要とする基本財は，放射能汚染によって毀損された[4]。

　福島第一原発事故を体験する前のプレ3.11時代において原子力発電は，環境にやさしい技術として地球温暖化の抑制に貢献する切り札とみなされてきた。そして日本では，1基あたりの建設に数千億円もかかる原子力発電所（以下，原発）は，その経済波及効果の大きさから戦後の経済成長を支えてきた。原子力発電は，核分裂反応によって生じる熱で水を蒸気化し，その汽力で蒸気タービンを回し，発電機で発電する技術である。核分裂の際に多くの放射性物質が生み出され，崩壊によって熱を発しながら他の元素へと変わっていく。この崩壊熱は，ポンプで送った水で冷却し続けなければならず，ポンプを作動し続けるために電力が必要となる。福島第一原発事故の発端は，そうした冷却のために必要な電源を喪失した点にある。

　原子力発電をはじめとしたエネルギー政策の問題は，資源に乏しい日本にとって今後も重要な意味をもつ。そのため，日本における原子力発電の歴史を知っておく必要があろう[5]。1950年代，ソ連を中心とした共産主義勢力の台頭により，アメリカは対日方針を転換させた。とくに，1951年のサンフランシスコ講和条約調印によって，日本にたいする核エネルギー開発を容認した。1953

年には，ドワイト・アイゼンハワー大統領の「平和のための原子力」演説で，原子力開発に向けた国際的な流れがつくられた。他方，国内において，1952 年には，政府による原子力研究を目的とした科学技術庁設立案の提示，電力産業の業界団体である電気事業連合会（以下，電事連）の設立，そして原発の設置計画を国策として正当化する電源開発調整審議会の設置がなされた。1954 年には，中曾根康弘を中心として立案された原子力研究予算が国会で承認され，政治によって原子力開発が主導された。

そして 1955 年には，原子力平和利用を公約の 1 つに掲げた正力松太郎が政界入りをはたした。正力は，読売新聞，日本テレビの社主をつとめていた。さらにこの年は，アメリカとの原子力開発の協力を促進した日米原子力協定の締結，そして原子力開発の基本枠組を構築するための原子力三法の立法化が実現した。さらに 1956 年には，原子力委員会が設置され，正力委員長の下でアメリカ依存型の急速な原子力開発がすすめられた。しかし彼は，原発の購入にかんしてアメリカとの交渉が決裂したため，イギリスからの原子炉の導入を急ぐことになった。

やがて原発は，戦後日本の経済発展・戦後復興のための起爆剤として，**エネルギー政策**の切り札として，さらには権益を獲得するための政治的道具として，政治家，官僚，経営者など多くの人々によって熱狂をもってうけいれられた。この点に目をつけ，原発推進を円滑化するための立法化に取り組んだのが田中角栄である。彼は首相として 1974 年，原発のための電源立地を促進させることになったいわゆる**電源三法**を制定した。これによって政府は，消費者が支払う電気料金に織り込まれた電源開発促進税を電力会社から徴収し，それにもとづく交付金を原発立地となる地

方自治体に支給することが可能になった。

　福島第一原発は，東京電力によって運転されていたが，なぜ東京電力は，その給電地帯である東京都・神奈川県などの関東地方から離れた東北地方の福島県にわざわざ原発を建設したのだろうか。それは，日本の電力産業の基礎をつくり，「電力王」ないし「電力の鬼」とよばれた松永安左ヱ門が主張した**凧揚げ地帯方式**による。この制度がなければ，福島県に原発を建設することはできなかった。福島県では，佐藤善一郎知事の誕生を機に，彼が知事として地方政治に携わる一方，木村守江が参議院議員として中央政治に携わる形で，さらに同郷の東京電力の木川田一隆を取り込み，地域開発のために原発誘致が組織的に行われた。こうして，福島県出身の政治家・経営者などが原発推進に取り組んだ。

　とくに木村は，有権者からの陳情により福島県双葉郡の広大な土地の有効活用として原発誘致を思い描く一方，その土地を所有していた堤康次郎との人間関係をつうじて原発立地の確保のための準備をすすめた。当時，地域住民のあいだで原発についての明確なイメージが確立していなかったことは，反原発運動が生じることなく双葉郡での土地取得が円滑にすすんだ1つの要因となった。したがって，福島県のなかでも大規模な土地取得が可能だった双葉郡が原発立地として選択された。

　本書では，グローバル時代に世界の人々から注目されるようになったため無視できないという理由，そして日本の資本主義を理解するためのカギとなっているという理由で，福島第一原発事故，電力産業の事例にも適宜言及する。しかしそれは，あくまで経営を学ぶ一環にすぎず，それにより現実を学ぶための経営学の奥の深さを理解してほしい。したがってそうした事例は，特定の

立場——原発推進，反原発（脱原発）など——を支持するために扱うものではない。

グローバル時代に求められる要素
——ガラパゴス化を超えて

　実際のところ経営には，資金を調達するファイナンス，製品・サービスを創造する生産，会社の財務・パフォーマンスを明確にする会計，製品・サービスの販売を促進するマーケティングなど多様な活動について一連の知識が必要とされる。ましてや，事業・製品の多角化を展開するのみならず，諸外国の市場に参入して組織が複雑化してもいる現代の会社経営は，とうてい個人だけで成し遂げられる代物ではない。間違いなく会社経営は，一個人の能力を超えた広がりをもつ。このことは，ホンダの創業者である本田宗一郎，アップル（Apple）の成功を導いてきたスティーブ・ジョブズ（Steve Jobs），ユニクロを世界で展開するファーストリテイリングの柳井正，ハイアールの改革に取り組んだ張瑞敏など，カリスマ的リーダーにもあまねくあてはまる真実である。リーダーシップも含め組織と経営者についての話題は，第5章で詳しく扱う。

　ただし，経営にまつわるそうした一連の知識を習得し，将来的に会社を新たに立ち上げる，既存の会社を経営するなどの実践的な目的をかなえるべく，世界にはさまざまなビジネススクールが存在する。もちろん，日本にも存在する。多くの場合，会社などで働いて数年間の実務経験を積んだ人たちが，自分の価値をさらに高めるためにビジネススクールに入学する。世界でもとくに有力なビジネススクールは，学生のバックグラウンドについて，弁

護士，医師，銀行員，官僚などの職種，および出身国などの点で実に多様であり，将来的な活躍のポテンシャルという点からして，同窓生との人的ネットワークを構築する機会だけでも実に大きな価値を提供している。そこでは，通常1年ないし2年程度の短期間のうちに，経営に必要とされる知識をいわば圧縮学習することにより，その成果として**MBA**（Master of Business Administration：経営学修士号）を授与される。

 だがMBA修了後，理想通りにグローバル資本主義の舞台で活躍できるほどの際立つ主体になれる人もいれば，残念ながらそうはなれない人もいるだろう。やはり問題は，世界に少なくとも400万人以上はいるといわれるMBA取得者の数をみれば，MBAという学歴だけでは，自動的にオリジナリティを保証されることはないという点である。したがって，ビジネススクールを出てMBAを取得したからといって，油断は禁物である。MBAは，グローバル資本主義の舞台での競争のスタートラインにつくことができたという小成功を与えてくれるにすぎず，大成功に向けた本当の戦いは，これからはじまるということを肝に銘じておく必要がある。際立ち続けるための努力には，あいにく終わりがないのである。

 MBAをはじめとした学歴は，**シグナリング**（情報をもつ主体が情報をもたない主体にたいして信頼できる情報の表明・開示を行うこと）によって自分が人的資本として将来生み出しうる価値の多寡を示す1つの指標になる。受験などにともなう厳しい条件の下，これまで努力してきた事実を証明するものだとしても，今後も努力を継続できるかどうか，適正な価値を適正な方法で生み出していけるかどうかを直接証明するものではない。人間である

以上，運悪く健康を害してしまうかもしれないし，仕事にたいする**モチベーション**（動機づけ）を失ってしまうこともあるわけで，それにより志半ばで価値創造そのものを中断せねばならなくなってしまうこともある。継続は力なり。とはいえ，継続を力に変えていくのは，けっして容易なことではない。

　大切なのは，取得した学歴というより，むしろ学歴を取得した後の行動である。つまり大学を卒業した後，あるいはMBAを取得した後など，学歴取得後にどう行動するかが，決定的に重要なのである。いいかえれば，取得した学歴をどう利用して価値創造に貢献していくかが，重要だということである。たとえば従来，国家公務員採用I種試験に合格して入省した官僚はキャリアとよばれ，日本を動かすエリートとみなされてきた。彼らは，優秀な頭脳にめぐまれた秀才で，政治家ではなしえない独特な政策立案能力にもとづいて事実上，日本を支配しうる立場にあるといえよう。このことは，国民の代表といわれる政治家が国会の答弁で棒読みしている原稿を誰が書いているかを考えれば，容易にわかることだろう。

　しかし，たとえば東大法卒という一流の学歴を生かし，キャリアの道を歩むようになったにせよ，自分がおかれたそのポジションをどう生かして価値を生み出していくかが，まさに問われる。だが東大法卒の共通感覚では，キャリアの道ないし司法試験の道のいずれかが当然とみなされた王道なのであって，社会のための価値創造に向けて民間企業への就職の道ないし起業の道をすすむというのは覇道にすぎないのだろう。ちなみに，2012年度の国家公務員採用試験から，I種，II種などといった試験の区分は廃止され，政策の企画立案にかかわる総合職試験，的確な事務処理

にかかわる一般職試験の2つの試験に再編されたことを，ここに付記しておく。

　日本では，国立，私立を問わず，大卒の人たちにたいして官僚としての入省が義務づけられているわけではない。したがって，上記の東大法卒の学生を例外とすれば，たいていの学生たちは，「サラリーマン」として有名大企業への就職という定番ルートを選びがちである。しかし，幸いにもこのルートにのることができた自分に酔いしれつつ，安定した生活を謳歌できる時代も，もはや過去のものになりつつあるのではないか。中小企業にとどまらず大企業ですら，過酷なグローバル競争の試練にさらされるようになった現在，いまだ天下りをつうじて雇用機会を長らく確保できる官僚組織・大学などの一部の人たちとは違い，多くのビジネス・パーソンにとって安定雇用を期待するのは難しくなりつつある。

　とくに官僚組織は，グローバル競争とは切り離され，並外れた恩典にめぐまれたガラパゴスの楽園とみなされてきたようである。そして近年では，さまざまな天下り先を移動して仕事を変えていくという渡りのたびに支給される多額の退職金を根拠に，マスメディアや社会などから批判の目が彼らに向けられてきた。しかし，国の運営に支障をきたすような危機——とくに，国家公務員の新卒採用人数の削減など——すらも是としかねない闇雲な官僚批判は，日本の将来にとってけっして望ましいことではない。他方，選ばれしエリートにしてみれば，楽園での安定した生活は当然の権利なのかもしれない。これまで培ってきた能力を再利用して社会に還元するのは当然のことなのだ，と。なるほど，そうした人たちの一部にしかできない仕事が多いことも，また事実で

ある。

ただし問題は，社会で生み出された限られた価値のなかで，「自分たち」が獲得する取り分を増やすことに注力し，このような能力を権益の維持・拡大のために浪費してしまうケースがありうるということである。そして，そうした能力，あるいはそのシグナルとしての高学歴，官僚というポジションによって，彼らには自己満足や傲慢 ── 選民意識 ── が芽生えることもある。彼らは，こうした心理的制約を突破し，自分の能力を，特定の個人・組織に限定された狭い価値獲得ではなく，社会で創発しつつある問題の発見・解決をつうじた価値創造に向けていかねばならない。実際，高い志をもってこうした価値創造に取り組んでいる官僚も多い。官僚は，そうした価値創造の意味を再認識する一方，官僚ではない人々（非官僚）は，安易な官僚批判を戒め，国の将来についてより思慮深くなる必要がある。

グローバル化のなかで進展する市場原理の貫徹は，会社の国際競争力の低下という形で，官庁，電力会社，大学など日本の公的部門・民間部門の双方に根をはったガラパゴスの楽園を維持するための費用を増大させた。しかし，秩序の維持という名目で古くからの権益を温存するか，あるいは秩序の**イノベーション**（既存の要素を組み合わせて新しい物事を創造する新結合）によってより大きな便益を享受するか。とくに法・規制によって保護されてきた電力産業を含め，他の多くの産業では，こうした難しい選択を迫られているようである。

より広い視野でみた場合，日本の資本主義において**ガラパゴス化**（世界の標準からはずれた古い独特な物事の仕方などに固執すること）した官僚組織・会社を必死に守ろうと，真摯に努力して

いる人たちがいる。他方，世界に目を向け，社会のための問題解決をつうじて新しい価値を生み出そうと真摯に取り組んでいる人たちもいる。まさに今，岐路に立たされているのは，日本で生活するすべての人たちなのである。グローバル時代に古いモデルを機械的に持続するか，あるいはグローバル時代にふさわしい新しいモデルを求めて創造性を発揮していくか。この点で，そうしたガラパゴス化した組織の内外にかかわらず，すべての人たちに，環境変化のなかで「何に対して真摯になるか」を判断する**現実感覚**が求められている。

人間を支えるさまざまな拡延的認知資産

　幸か不幸か，人間は一筋縄ではいかない複雑な存在である。とくに，人々が実際に体験した3.11の記憶は，時間の経過とともに薄れてしまう。飛行機の操縦になぞらえれば，深刻な問題が生じた危機時ではマニュアル・モードで対応したとしても，ひとたび事態が収束したという感覚がえられれば，問題の深刻さを忘れて平時の自動操縦モードに逆戻りしてしまう。地震直後は不安におびえ食料，飲料水などの買占めにはしった自分は，跡形もなく姿を消し，今となっては別の自分に姿を変えている。そして，テレビに出てくる専門家の断片的な専門知識にもとづいた解説を鵜呑みにしていた自分は，その実，彼らと同じく地震・津波・原発事故の全体像のみならず，自分のことですらよく理解できていない。たとえば，今，自分の脳内で何がおきているのか。あるいは，3.11の大震災直後，自分は何をしていたのか。残念なことに，簡単そうにみえるこれらの問題は，自分のことだとはいえ簡単には答えられない類の難問である。

しかし人間は，道具・組織の発明によってそうした限界を克服してきた。ノーベル医学生理学賞を受賞したポール・ラウターバー（Paul Lauterbur）とピーター・マンスフィールド（Peter Mansfield）の貢献によって開発されたMRI（magnetic resonance imaging：核磁気共鳴画像法）は，脳の働きを明らかにするうえで役に立つ。他方，地震直後の行動については，そばにいた家族，自分の所属する組織の仲間などに詳しくたずねることができるかもしれない。これらの道具・組織は，個人の記憶などの認知活動を補い，その限界を拡延することを助けている資産である。すなわち，**拡延的認知資産**とよびうるものである。簡単にいえば，記憶という点で人間の脳は，パソコンに内蔵されたハードディスクになぞらえるとすれば，道具・組織などの拡延的認知資産は，必要に応じてパソコンにUSBでつなぐ外付ハードディスクになぞらえよう。経営の対象となる人間の特徴については，第2章でふれるつもりである。

　もちろん会社も，人間の認知活動を補う拡延的認知資産である。だがときどき，われわれは，会社ではなく企業という言葉を用いることもある。両者は違うものなのだろうか，同じものなのだろうか。企業は営利を目的に事業を営むのにたいして，会社は法の下で設立される組織形態の一種とみなされ，企業は会社というかたちを選択できる。事業を営むうえで，日本では2006年に施行された会社法の下，合名会社，合資会社，合同会社の3つからなる持分会社とともに，株式会社を設立することが認められている。従来の経営学において，株式会社は，これ以上は進化しえないほどにすばらしい最高の組織形態とみなされてきた。しかし後になって，法の力で新たな組織形態として合同会社が認められ

ることになった。したがって法という制度は，会社のかたちを左右しうる点で重要な意味をもつ。

　また，こうした会社の活動を支えるべく法・規制に携わってきた官僚組織も，もちろん重要な役割をはたしている。それは，パナソニック，トヨタ，三井物産などと同等の会社とはみなされないまでも，永続性をもつ人の集まり（社団組織）とみなされる。そうした集まりとしては，他に大学が挙げられよう。これらの永続的な社団組織は，**コーポレーション**とよばれる。そのカテゴリーには，会社，官僚組織，大学をはじめとして国家，業界団体なども含まれる[6]。この点については，会社のかたちとあわせて第3章で詳しく述べる。

　このコーポレーションという概念を用いれば，従来は，経済学，政治学，法学，経営学，社会学などの個々の分野でばらばらに議論されてきたさまざまな種類の組織が，学問の壁を越えた1つのテーブルのうえで，つまり超学際的に議論できるようになる。この点は，本書の主題を『経営学原論』としなかったまた別の理由である。こうして『経営原論』と名づけられた本書は，以下で詳しく述べるように越境力の育成 ―― ひいては，巷で問題にされてきた「指示待ち人間」とは真逆の「壁越え人間」の育成 ―― を目的としている。ここでいう越境力とは，個々の分野を超越した活動を表す「越境ゲーム」[7]という表現に由来する。

　現代の経営は，人間・会社・資本主義のあり方だけでなく，政府の意思決定機構，エネルギー政策の将来，地域経済の再設計，活断層研究，放射能汚染水の処理，人体にたいする放射線の長期的影響なども広く網羅せねばならないという点で，社会科学，自然科学といった伝統的な境界とは関係なく，さらには国境とも関

係なく，経営学者，経済学者，法学者，政治学者はもとより，地形学，放射線医学，環境解析学，原子炉工学などの専門家をも幅広く動員した，越境的（超学際的）なものとならざるをえない。とくに，福島第一原発事故とそれに関連する諸問題——福島原発危機——は，グローバル化の進展を考えれば日本社会のみならず国際社会の問題でもある。そのため，国境を越えた幅広い資源や**ケイパビリティ**（能力：知識，経験，スキル）の移転が求められるところである。それでは以下では，越境力について詳しく述べたい。

実学の精神にもとづく越境力

　越境力とは，文字通り境界（壁）を越えていく能力のことである。われわれが実際に生活している現実世界に加え，それを抽象化することでその法則や仕組（メカニズム）を解明するために研究者が活動している理論世界がある。理論世界は，研究者が知識をえる活動（認知活動）によって生み出す世界だといえよう。現実世界には，ソニーとサムスン（Samsung），トヨタとフェラーリ（Ferrari）のあいだなどにみられる会社の境界だけでなく，イタリアとフランス，中国とロシアのあいだなどにみられる国の境界（国境）も存在する。さらにいえば，アメリカとソ連の冷戦時代に際立っていた資本主義と社会主義のあいだのイデオロギーの境界やら，原発推進派と反原発派（脱原発派）のあいだのエネルギー政策の境界をはじめ，保守派と革新派のあいだの党派の境界やら，さまざまな壁が存在する。他方，理論世界には，たとえば経済学と社会学，経営学と法学のあいだなどに学問の境界が存在する。

たいていの人々は現実世界にいるにせよ，経営者として会社経営を行った経験をもたないだろう。このことは理論世界にいる経営学者にもあてはまり，彼らは大学を卒業し，大学院へと進学し，修士課程，博士課程で研究を重ねてきた人たちがほとんどである。かくいう私も一介の研究者にすぎず，実はある会社の元CEO（最高経営責任者）だった，などという華々しい経歴をもたない。つまり，現実世界で会社経営をしたことがないにもかかわらず，理論世界の産物である経営学を教えている。

　逆にいえば，会社経営をしたことがなくても経営学を教えられるし，会社経営をしたことがあるからといって経営学を教えられるわけではない。前者の理由は，研究者という理論世界の住人であるとはいえ，理論世界と現実世界の越境を重視する現実感覚，すなわち実学の精神にもとづいて研究活動に取り組んでいるからである。他方，後者の理由として，会社経営をつうじてえた経験を体系的に整理する機会がないうえ，いざそれらを言葉で表現しようと思ってもなかなかうまくいかないため，というものがありうる。あるいは，会社経営といっても，コーポレート・レベル（全社レベル）というより事業部レベルの仕事にしか携わっていなかったので，特定の製品・地域に話が限定されてしまい，大学の学期中に行うべき所定日数の講義を満たすのに十分な話題がないため，という現実的な理由もありうる。現実世界で活躍してきた実務家が大学の教壇にたったときの現実的な悩みを，私はよく耳にする。

　それでは，経営と経営学は別物だというのに，しかも会社経営をしたことがないというのに，『経営原論』などという本をそもそも書くことができるのだろうか，というもっともな疑問をもつ

読者もいるだろう。私ならば、この疑問にたいして、実学の精神にかかわる前者の理由をもち出して答える。現実世界との接点で問題を発見するという現実感覚とでもいうべき嗅覚は、時間の経過のなかでつねに研ぎ澄ましていかねばならないものであるため、経営や経営学にかかわりをもつ人たちにとっては、そうした面で一定の努力を続けていくことが求められる。グローバル時代における現実感覚として、広い視野で世界の諸問題に取り組むのに不可欠な**国際感覚**、そして複雑化した社会にふさわしい**バランス感覚**の2つが求められているように思われる。

しかし理論世界にひきこもり、時代遅れの瑣末な議論や洗練された数学モデルにしか興味を示さないとか、限られた研究者同士のグループのなかにいるだけで居心地のよさを感じているとか、いうのであれば、現実感覚を研ぎ澄ます必要性やインセンティブから無縁であるにちがいない。これらの状況については、それぞれの学問分野で確立した独特の方法論があるため一概に是非を問えないまでも、まったく望ましいと断言することはできまい。いつも同じ人たちと一緒にいる、あるいはいつも虚構という枠のなかで古い物事の維持を気にかけているだけでは、新しい発想にはつながりにくいし、新しい問題を機敏に発見することもかなわないはずである。

この点でいえば、コア・コンピタンス（企業の中心的な能力）の考え方が明らかにしたように、突然変異によりもたらされる遺伝的多様性が自然界に必要なのと同じく、会社などの組織にもそれに該当するスカンクワーク（会社の本流からはずれた極秘の新製品・サービスの開発プロジェクト）、スピンオフ（会社のある部門の分離・独立）などの革新的要素が必要とされる[8]。この線

にそって，個人・グループの差異性を企業の競争力につなげられるよう組織を変えていく方法は，ダイバシティ・マネジメントとよばれる。

しかし，組織のしがらみという分厚い1枚の毛布に包まれたなかよしグループ，古い慣習にがんじがらめに縛られたムラ社会では同質化がすすむのにたいして，その外側では容赦なく物事が変化している。たゆまぬ変化という現実にもかかわらず，頑なまでに内向き志向に身を委ね続けるのであれば，世界から取り残され，独自の進化を遂げるしかない珍種と化してしまうだろう。こうした一連の組織は，公的部門・民間部門にかかわらず，過去の成功にめぐまれていればなおのこと，さらに内向き志向を強め，ガラパゴス化していく傾向が高い。

もちろん内向き志向は，実学の精神とは反する。本書の副題にもある「**実学**」という言葉は，福澤諭吉に由来する。彼は，「サイヤンス（science）」を実学と訳した。前述したように，私は，これを理論世界と現実世界の越境を重視する現実感覚と解釈してきた。簡単にいえば，「現実を学ぶ」ことだといえよう。けっしてそれは，「実践ですぐに役立つ学問」のことではない。むしろ私は，現実で生じている問題を批判的にとらえ，理論を用いてそれが生じる仕組を解明し，その解決を導いていくこと，それが実学のあるべき姿だと思う。すなわち，問題の発見・解決が重要なのである。

研究者は，経営学，経済学などと学問のあいだに恣意的に境界を設け，個々の部分に切り分けてきた。こうした理論世界の分断とはまったく関係なく，現実世界は，大きなまとまり（総体）として複雑に進化しているため，そこで生じている現象は，個々の

学問分野でえられた断片的な知識を適用することで説明しつくせるものではない。学問のあいだにある境界を越えなければ，そうした現象の全体像はみえない。さらに現実世界では，従来には確認できなかった目新しい現象（新奇的な現象）が次々と生まれるので，過去につくられた理論では説明できない問題が次々と発見されていく。

したがって過去の理論とともに，多くの人々が当然視している情報にも批判の目を向け，現実世界から理論世界へと立ち入る形で，両者の境界を越えていかねばならない。研究者にとどまらず，何らかの問題を解決したいと思う人であれば誰でも，当然のことを当然のこととして簡単に片づけることなく，そしてあちらの世界からこちらの世界へと一方的に近づいてくる無料の情報を簡単にうけいれることなく，自分の内側にある脳・肉体を，さらには自分の外側にある道具・組織をも駆使し，拡延的に問題解決をせねばならない。

われわれの拡延的な問題解決にとって，たとえば新聞・テレビなどのマスメディアは，さまざまな情報を与えてくれるという点で貴重な存在である。しかし日本では，新聞記者がアルバイト原稿として週刊誌などに匿名で寄稿することは，業界の慣習となっているといわれる。つまり彼らは，自分がつとめる新聞社では書くことが認められないタブーとみなされる事柄を，週刊誌という違った媒体に書くことにより，一般には報じられない事実を報じることがありうるという[9]。事実は，ある人たちにしてみれば毒であり，また別の人たちにしてみれば薬になりうる。われわれは薬をのむことで，世界に蔓延しつつある本当の毒から逃れられるかもしれない。つまりわれわれは，思慮深くなる必要がある。

あいにく，新聞社にせよ，テレビ局にせよ，スポンサーの意向を気遣う形で組織のしがらみに絡みとられ，内部のすぐれた人材がもつ現実感覚を発揮できない，という背に腹はかえられない事情がありうる。だとすれば，その内容が軽んじられがちな週刊誌ですら，扱っている事柄次第では，重要な拡延的認知資産になりうるのであって，けっしてあなどるべきではない。したがってわれわれは幅広く，国内の新聞・テレビはもとより，ツイッター（Twitter）やフェイスブック（Facebook）などのソーシャルメディア，IWJ（Independent Web Journal）やニコニコ動画などのインターネット中継，海外の新聞・テレビ，国内の週刊誌などをも大いに活用すべきである。すべては，自分の現実感覚にかかっている。

　しかし現実感覚の欠如は，われわれにとって致命的である。あちらの世界から一方的に伝えられる無料の情報をそのまま鵜呑みにしてしまう人たちにとって，実学はせいぜい高嶺の花でしかない。そうした人たちに，自発的な問題解決を期待することはきわめて難しい。しかも，この激動の時代ですら空気が読めない，という感度の鈍い人々や硬直した組織が本当に存在しているのだとすれば，もはやそれは信じがたい出来事でしかない。

ものづくりのガラパゴス化からガバナンスのガラパゴス化へ

　これまでの日本では，ガラパゴス化した組織とその人々は，環境からの遮断を可能にする精巧な仕組に守られてきたのだろう。もっともグローバル経済の只中ですら，社会の多くの人々は，エネルギー政策など日本が抱えている重大な問題に大して気をとら

れることもなく，もっぱら製造業のガラパゴス化に関心を向けてきた。そのため，ガラパゴス化した組織とその人々は「ものづくり」という呪文の陰にひっそりと身を隠すことができた。とくに日本の**会社経済**（会社などの社団としてのコーポレーションが中心となった経済）において，多くのビジネス・パーソンは日々，忙しい生活を送り，深夜まで会社の仕事・つきあいに追われるなかで，そうした問題のことなど気にかける余裕すらなかったのだろう。

だが，地震・津波といった自然災害と，官僚制の逆機能，独占の弊害という人災とが結びつくことで原発事故がおき，深刻な基本財毀損問題が生じた。それを機にポスト3.11時代において，福島原発危機の原因にたいして世界中の人々が関心を向けはじめた。その過程で，原発推進の流れを守るために，世論を誘導するというやらせ問題だけでなく，政治家にたいする必死の働きかけ（ロビーイング）などが行われてきた事実が明るみに出た。つまり残念なことに，日本では単に製造業にとどまらず，人々が信頼してきた国の中枢をなすリーダーまでもが，実はガラパゴス化していたのではないか，と考えられるようになった。日本という国では，ものづくりのガラパゴス化というより，むしろリーダーシップのガラパゴス化のほうが深刻なのではないか，と。自分は偉いと勘違いし，権力を振りかざすだけで，必要なときに必要な政策を示すことができない政治家の一部。高学歴であることをすぐれた能力と勘違いし，選民意識を抱いて権益の維持・拡大，さらには保身に取り組むだけの官僚の一部。そして，過去に成功したシステムの死守に注力し，そのため必死で環境をコントロールしようとする経営者の一部。また究極的には，こうしたリーダー

を規律づけるためのガバナンスすらもガラパゴス化している。その一因は，社会の無関心・無知に求められることもある。しかしグローバル時代において，さまざまな国でさまざまな経験を積み，海外から日本が抱える問題を客観的かつ多面的に分析できるグローバル人材が増えつつある。このことは，日本のガバナンスのガラパゴス化という問題を将来的に解決するための糸口になるという意味では朗報である。だがその反面，さまざまな国でさまざまな経験を積めるほどのめぐまれた境遇にありながら，あいにくそれを生かせない人たちがいるのも事実である。

とくに日本一の「東大ブランド」をもつエリート —— ここでいう「東大」とは 1 つのアイコンであり，東大に限らず，日本の他の一流大学を卒業した，表層的には「優秀」とみなされる人たちをも含む代名詞をさす —— のなかには，独力であれ，会社・官庁など所属組織の派遣であれ，世界の一流大学院に留学する機会をえる人たちもいよう。しかしそのなかには，批判精神にもとづき社会のための問題の発見・解決に取り組み，世界級の能力開発に向けて多面的な大局探索を志向することができない人たちもいる。彼らは，「東大ブランド」で結束した閉鎖的な「東大クラブ」を海外に拡張し，「優秀」であることの差別化（「さらに優秀」になること）に取り組んでいるにすぎない。つまりこうしたクラブは，「さらに優秀」であることの自己確認をつうじて選民意識を強化し，この点で同質化したメンバーの思考様式を硬直化させ，一面的な局所探索に向かわせてしまう傾向をもつ。舞台を海外に変えたとしても，内向き志向の共有によってしがらんでいる点では，ガラパゴス化のそしりをまぬかれない。なるほど彼らは，既存の分野で物事を効率的に処理し，既存のルールの下で戦

うという面ですぐれていよう。もっとも，日本一「優秀」なのだから。しかし，越境的な分野で新しいルールをゼロからつくり，新しい物事をはじめていかねばならないとしたらどうだろうか。

リーダーシップのガラパゴス化につながるガバナンスのガラパゴス化を打破するためには，「優秀」なローカル・リーダーではなく，真の優秀なグローバル・リーダーが求められていよう。おそらくそれは，既存の通念・常識はもとより，国籍・学歴・研究分野などのバックグラウンドにもとらわれない多様性と，新しい知識を吸収・新結合していけるだけのフレキシビリティをもつ人材であろう。こうした真の優秀な人材は，そもそも「東大クラブ」のメンバーであるかどうかとは関係がないのであって，選民意識を強化するような閉鎖的な組織にしがらむことを是とせず，社会のあり方にたいする強烈な批判精神にもとづき，**オープン・イノベーション**（組織内のケイパビリティにこだわる自前主義を超え，組織内外の広範なケイパビリティを動員する開かれたイノベーション）を追求していけるかどうかが，それを見極めるためのリトマス試験となるように思われる。

かくして，日本の中枢を支えている（旧世代の）守る立場の人たちのみならず，世界における日本の将来像を描きながらシステムを適宜に変えていける（新世代の）攻める立場の人たちにとっても，明確な問題意識にもとづく多様性・フレキシビリティを促進する一方，傲慢な選民意識にもとづく同質性・硬直性を防ぐような自己規律，これを有効に機能させるためのガバナンスが重要な意味をもつ。かくして越境力は，海外に留学したからといって一概に身につくものだとはいえず，ガバナンスのガラパゴス化を

どのように迅速に解決するかは，われわれにとって難問となっている。

　歴史をふり返ってみると，かつて激動の時代を体験した人たちは，自分の過酷な体験に動機づけられて社会の問題解決に，ひいては社会の発展に貢献しようとするものである。とくに日本で生活する人たちは，今まさにそんな時代をむかえているのではないか。たとえば，厚生経済学の発展にたいする貢献により，1998年にノーベル経済学賞を受賞したアマルティア・セン（Amartia Sen）は，200万人から300万人にも及ぶ多数の死者を出したベンガル大飢饉を幼少期に体験したことで，経済学をつうじて社会の発展に貢献したいと考えるようになったという。

　だが人間は，こうして自分の身に及んだ過酷な体験によって突き動かされるとしても，他者の体験をもそうした動因へと変える力を発揮できる。しかし，他者からの間接的な学習の成否は，社会にたいする感度の鋭さ，強烈な批判精神をもちあわせている場合に限られよう。つまり人間は，鋭い感度をもとに認知次元で問題を発見し，世界が直面している問題を何とかせねば，という危機感を抱かなければ，実際に行動次元で問題の解決に向けて動き出そうとはしないだろう。

　かのアルフレッド・マーシャル（Alfred Marshall）は，ケンブリッジ大学の学生をロンドンのスラム街へと連れて行き，経済学には理論的に問題を解決するだけでなく，社会の底辺に位置している人々の生活を改善していくことも大切だ，と説いた。このことは，語り草になっている。その場面で有名になった「冷静な頭脳と熱いハート」という彼のフレーズは，社会の発展に不可欠な要素を的確にいいあてている。しかし，そのフレーズは認知次元

に限定されたものであるため、さらに行動次元でイノベーションに向けた機敏な行動（企業家精神）が必要になることを付け加えておかねばならない。したがって日本の再建に必要なのは、冷静な頭脳、熱いハート、企業家精神といった3つの要素にもとづくガバナンスの**イノベーション**なのだろう。

人間・環境・制度

ところで、人間は認知次元で、環境からうけとったデータに解釈を加え、何らかの情報を生み出している。今日ではそうした情報処理は、個人というよりむしろ会社などの組織によってますます行われるようになっている。組織は、情報処理を簡単にすませるよう**ルーティン**（定型化された物事の仕方）を発展させてきた。そして、環境からうける想定外の影響をできるだけ弱め、パフォーマンスが変動しないような工夫をしてきた。つまり、**不確実性**（事象が生じるかどうか予測できず、それが生じる客観的な確率をえることができない状況）の緩衝を図ってきたのである[10]。

たとえば、同一産業内で複数企業が結託して価格、生産量を調整するような**カルテル**は、企業側にしてみれば、不確実性を緩衝するための工夫とみなされる。しかし消費者側にしてみれば、もし複数企業が結託して価格を増大させるとすれば、競争によって本来もっと安価に買えるはずの財・サービスを、高い価格で買わねばならないことになる。そのため、社会的余剰が減少してしまうという意味では、けっして望ましい帰結とはいえない。カルテルは、単一企業によるものではなく、複数企業の結託によるものだとはいえ、独占禁止法により禁止された私的独占の一種であ

る。ただし，たとえば安価で質の高い財・サービスを供給する企業が競争の結果として市場を独占するようになったとしても，こうした状況は独占禁止法によって違法な私的独占とはみなされない。

経営者の意思決定というものは，一方では合理性，他方では情動に左右される。つまり，冷静な頭脳にもとづいて合理的な計算を行った結果，「業界で一致団結して価格を引き上げる」という意思決定を行いうる。他方で熱いハートにもとづき，こうした意思決定が社会にもたらす負の効果を勘案し，「カルテルに参加しない」あるいは「カルテルから早期離脱する」という意思決定をも行いうる。カルテルは，市場競争を制限する不当な取引制限とされ，法的に禁止されているものの，発見が難しいために後を絶たない。

こうした理由で，**リーニエンシー**（課徴金減免制度）が存在する。この制度は，企業が関与したカルテルを公正取引委員会に報告すれば，課徴金の免除・減額を実施するというもので，カルテルの抑制を促進させると同時に**コンプライアンス**（遵法）の実現を図るという目的をもつ。第2章で論じるように，人間の認知・行動を左右するという点で，法に代表されるさまざまな制度の役割は無視できないということである。

越境力は，異なる世界の境界に立ち，よりよい世界の実現に向けて批判を続けていく，という現実志向の実学の精神にもとづいている。この力は，冷静に判断し，適時に行動するよう人々を駆り立てる。近年増殖しつつあるといわれる指示待ち人間とは対照的に，越境力を身につけた壁越え人間こそ，グローバル時代にふさわしい人たちである。さらにいえば，グローバル時代に必要な

国際感覚にもとづくシステム思考，そしてグローバル時代に国際社会が直面した複雑な問題を解決していくためのバランス感覚にもとづく統合思考が求められている。それでは以下，それぞれについて述べることにしよう。

国際感覚にもとづくシステム思考

システムとは，その構成要素の総和を超えた存在である。**システム思考**とは，あるシステムがさらに高次のシステムの一部になっていることを認め，システム間の階層性，その構成要素間の相互連関性に注目して問題解決に取り組むことである。要は，物事を単体としてではなく，他とのつながりのなかでとらえることである。システム思考によれば，1つの問題は多面的にとらえられる。解も1つに決まらない。そして問題を生み出している原因を特定するのも容易ではなく，時間をつうじた変化のプロセスをとらえる必要がある。

システムというものをイメージするために，B級グルメの雄の1つであるラーメン二郎の社訓をみよう。東京都港区にある本店の三田店には社訓があり，社訓五には「味の乱れは心の乱れ，心の乱れは家庭の乱れ，家庭の乱れは社会の乱れ，社会の乱れは国の乱れ，国の乱れは世界の乱れ，世界の乱れは宇宙の乱れ」とある。味にはじまり，心，家庭，社会，国，世界，そして宇宙へとつながる流れは，低いレベル（低次）から高いレベル（高次）へと広がっていくシステムの連鎖を表す。あるいは，もっと一般的な流れとして，個人からはじめていけば，課，事業部，会社，企業グループ，産業，国民経済，そして世界経済などと高次へと広がっていくシステムの連鎖も考えられる。

このように,個人から世界経済へとつながっていく広がりは,近年のグローバル化の進展によりますます重要になっている。とくに経営学・社会学の講義では,グローバル化を象徴する事例としてマクドナルド(McDonald)が取り上げられることが多い。というのも,この会社は,世界中で材料を最適に調達する仕組を確立し,低コストでハンバーガーの大量生産・消費を実現してきたからである。実際,その経営になぞらえて,生産・消費の領域に徹底した効率化が波及する現象を**マクドナルド化**とよぶこともある。マクドナルドのハンバーガーが世界各地に普及し,人々の生活の仕方は,世界中どこでも類似したものになりつつあるようにみえる。だが,国の文化・歴史などの多様性を背景として人々の嗜好は多様であるため,もちろん会社は国の差異性にも注意せねばならない。

すなわち,**グローバル化**は世界の完全な画一化を意味しないのであって,むしろ正確にいえば,世界が直面している現実は部分的な画一化にすぎない(第7章)。この意味で,**セミグローバル化**とよぶのがより適切である[11]。国のあいだの類似性は高まる一方,国の差異性はあいかわらず持続しているので,国境が完全に消えてなくなるわけではない。つまりセミグローバル化時代には,越境的に国の類似性・差異性を理解するという国際感覚の育成が求められる。経済・社会・政治・環境など実にさまざまな分野で越境的に相互依存のネットワークが進化を遂げているグローバル環境において,日本企業にとっての競合は,BRICs(ブラジル,ロシア,インド,中国)やCIVETS(コロンビア,インドネシア,ベトナム,エジプト,トルコ,南アフリカ)などから突如出現するかもしれない。ポスト3.11時代の今後,越境的なシス

テム思考は，グローバル競争に参加するための1つの要件となろう。

また，会社が必要とする資源・ケイパビリティについて，自国に限られた局所探索だけではグローバル競争を有利にすすめていくことはできないのであって，その配置・再配置を越境的に行っていく大局探索が重要な意味をもつ。要するに，すぐれた国際感覚は，広い視野をともなう。従来，グローバル経営を考えるうえでIRグリッドという枠組が用いられてきた。I（Integration）はオペレーション（ビジネスの実行）をグローバルに標準化するというグローバル統合，R（Responsiveness）はローカル市場のニーズ・規制などに適応するというローカル適応を意味する。**トランスナショナル企業**（世界においてIとRを集権的に同時追求する越境的な企業）は，理想的だといえるかもしれない[12]。

しかしトランスナショナル企業は，実際に構築していくのがきわめて困難な組織形態とみなされるため，その困難さを考えると現実的ではないのかもしれない。したがって，**メタ・ナショナル企業**（世界の知識を分権的に結合していく越境的な企業）を志向したほうがより現実的だと考えられる。この組織形態を志向するには，本社のある自国こそが最大の競争優位の源泉だという見方を棄却し，大国の市場だけを偏重して小国の市場を軽視するという考え方をあらためなければならない。さらに，特定の国のニーズに適応してきた局所的な経験が，実は大局的にはイノベーションの種子になりうるという可能性に注意を払う必要もある[13]。ここでも広い視野の下，物事の広がりを重視するシステム思考が求められる。

会社は競争の舞台を世界にうつし，グローバル市場に参加する

ことにより,競合の数は急速に増える。とくに,アメリカ主導で推進されている包括的な貿易自由化に向けた**TPP**(Trans-Pacific Partnership:環太平洋戦略的経済連携協定)への参加にたいしては,日本国内では伝統的な農業部門などから強硬に異議が唱えられてきた。だが,他のアジア諸国が積極的に経済機会を拡張していくなかで,このままでは日本の製造部門はますます厳しい状況におかれてしまう。グローバル市場では,もちろんイノベーションのスピードを加速させ,競争優位をどう維持するかが問題になる。ここで重要になるのは,自らの変化を導く**ダイナミック・ケイパビリティ**である。つまり,会社にとっての変化のニーズ・機会の識別,これらにたいする反応,行動の実行にかかわるケイパビリティを意味し,資源ベースの意図的な創造・拡大・修正を実現する[14]。この点については,第4章で扱うつもりである。

会社は,国の類似性・差異性に特徴づけられるセミグローバル環境の下では,R&D(研究開発)からマーケティングにいたる活動を自社内で行う内部化もさることながら,他社との提携,他社の**M&A**(合併・買収)といった企業境界を超えた変化・成長の手段をも検討し,その実行のためにダイナミック・ケイパビリティの開発・蓄積につとめねばならない。わざわざシステム思考をひきあいに出すまでもなく,会社を支えている人たちが個々に,経営の根本を理解して成長できるのであれば,会社の組織力にとってもプラスに働くのではないだろうか。ただしそのためには,第5章で述べるように,働く人たちのモチベーションを促すような組織としての工夫が求められることは,あらためていうまでもない。

バランス感覚にもとづく統合思考
文武両道

　文武両道という言葉があるが,これは,文(勉学)と武(スポーツ)という二項対立的な要素をうまく両立させている様子を表す。かつて,ソニーの社長をつとめた盛田昭夫は,会社は実力で勝負しているのに,そこで働く人間は入社前に教育をうけた場所で評価され,こうした学歴にもとづく評価は不条理だ,とする学歴無用論を提示した[15]。とはいえ,ソニーを含め現代の大会社では,新規採用にあたって学歴が重要な指標の１つとして重用されてきたことは否めない。しかし,文の面での能力を示す学歴も大切だが,スポーツで鍛えた強靭な心身ももちろん大切である。

　この点で,日本の会社では体育会系の学生が重用され,財界にはりめぐらされた出身大学の体育会ネットワークをつうじて就職・人事面で優遇されてきたようである。しかし大卒という条件の下,スポーツにうちこんで大学の知名度・ブランド力の向上に寄与してきたという軸だけで,いうなれば武の面だけで,いつまでも彼らを評価していてよいものだろうか。なるほど,彼らがスポーツをつうじてつちかった協調性・リーダーシップ,さらには強力な体育会ネットワークの存在は,社会で彼らをして有利なポジションに押し上げるのに寄与しうる。だが武専門型の彼らが,学生時代に文を実質的に欠いてきたつけは,やがてかならず回ってくる。その証拠に,彼らのなかには,社会人になってから持ち前の強靭な心身,あくなき向上心にもとづき,海外留学によって文の面をも鍛え,MBA,PhD(博士号)などを取得しようと,文武両道型をあらためて志向する兵も数多い。

ただし，武専門型の日本の体育会とは違い，イギリスの体育会はどうやら文武両道型とみなされる。たとえば，ケンブリッジ大学にはボートクラブがあり，1829年以来，テムズ川でオックスフォード大学のボートクラブとのあいだでヴァーシティ・ボート・レースとよばれる戦いをくりひろげてきた。このボート・レースは，2005年からエクスチェンジング（Xchanging）というアウトソーシング企業（外注を専門とする企業）がスポンサーになったため，公式にはエクスチェンジング・ボート・レースと命名された。歴代戦績については，2012年の時点でケンブリッジがオックスフォードより優位に立っている[16]。ケンブリッジの選手は，ボートハウスでマシンを用いた練習を行うだけでなく，隣町のイーリーまでバスで移動してレースを想定した実地的なトレーニングを行い，さらに大学での厳しい勉学もこなしているという。合宿所や練習場でもっぱらトレーニングに集中し，講義を欠席しがちな日本の大学の選手とは対照的に，イギリスの大学の選手は，日頃から「筋トレ」と「脳トレ」の文武両道に取り組んでいるようである。

　文武両道という形で文と武という二項対立的な要素を同時追求することは，きわめて挑戦的な営みである。しかし世界には，それ以外にも二項対立的な要素の組み合わせはいくつも存在している。たとえば，持続と変化，中央集権と地方分権，集権化と分権化，トップダウンとボトムアップ，ローカル化とグローバル化，特化とマルチタスク化（複数の活動の同時追求），競争と協力，統合と分解，擦り合わせ型（インテグラル型）とモジュール型，原発推進派と反原発派（脱原発派），ヒエラルキーと市場，内部化とアウトソーシング（外注），内向きと外向き，探査と発掘，

保守と革新,右派と左派などと,思いつくまま記していけば際限なく続けられるだろう。

経営と多能

経営は,こうした組み合わせをバランスよく扱い,それぞれの要素のあいだにみられる葛藤・矛盾を解決していく仕事でもある。いうなれば,境界を隔てて対立しあう2つの世界を止揚する,という弁証法にもとづく行動を意味する。要は,高みに立って,異なる世界を束ねていく仕事だともいえる。この場面では,**多能**とよばれる一種のダイナミック・ケイパビリティが有用である[17]。

このことを理解するうえで,たとえば,中国の戦国時代の『燕策』という史書に由来する,漁夫の利という有名な故事を想起しよう。ハマグリが殻を開けていたところにシギが飛んできてその身を食べようとしたが,逆にハマグリが殻を閉じてシギのくちばしをはさんだまま身動きがとれないようにした。そこへ漁夫がやってきて,ハマグリとシギの両者をまんまと捕獲してしまった。この話にもとづいて,燕は趙にたいして,自分たちが争えば結果的に秦を利することになると説いたことで,趙は燕への攻撃を中止することになったという。この場面でいえば,経営とは秦になることであり,多能はそのために必要な要素にほかならない。

漁夫が境界にいることは,ハマグリとシギの一挙両得のための条件となる。いいかえれば,境界はイノベーションの源泉となりうる。しかしイノベーションというものは,主として人間の脳内で生ずる。この点で,異質な文化・学問などが交差する境界で画期的なアイデアが次々と生み出されていく効果は,15世紀イタ

リアのメディチ家（I Medici）によるルネッサンスの開花になぞらえてメディチ効果とよばれる。そうした境界は，人々のモビリティの高さ，科学の相互浸透，ITの進歩によって豊富に存在するようになった。とはいえ，専門知識を独学で身につけられる能力，幅の広い知識を身につけられる能力を獲得しなければ，イノベーションを生み出すことは難しい[18]。つまり，専門性と視野の広さを重視することで，既成概念にとらわれることなく自由に想像力を解き放つことができる。

いざ境界に立ってみると，「結びつけられない」「折り合いがつけられない」などと，誰もがはじめからあきらめてしまうほど困難な2つの競合的な世界が横たわっているのがみえる。こうした競合関係を発見し，鳥の目線で高みからとらえ，補完関係へとおきかえていくのである。もちろん難問であればあるほど，誰にも解決できそうにないという点で，それを解決することでえられる利得は大きくなると考えられる。だが，難問を解決するには，境界に立ったうえでそれぞれの世界を理解する，広い視野でこれら以外にありうる複数の世界を探索する，これらからえた知見にもとづき両者を乗り越える，そして対立する世界をより高いレベルで統合する，といった離れ業が求められる。

統 合 思 考

対立する2つの要素の裂け目に立っていたとしても，安易に二者択一に向かうことなく，両者の長所を生かしつつ，しかも両者を上回るような要素を新たに生み出すというプロセスは，**統合思考**（インテグレーティブ・シンキング）とよばれる。統合思考は，広い視野で多様な要素を勘案する，要素間の関係性を深堀していく，全体を意識して部分を吟味していく，そして妥協をせず

に最適解を模索し続けていく,といった特徴をもつ。こうした仕方は,優先順位をつけて重要な要素をしぼりこみ,要素間の関係を単純化していく形で問題解決を図ろうとする**論理思考**（ロジカル・シンキング）とは対照的である[19]。

だが実際,対立は二者間にとどまらないかもしれないので,複数の境界を念頭におくことにより,1つの境界しか想定しない統合思考を超える必要があろう。その際,学習のための選択肢を増やしていくとともに,自分の経験にとどまらず,他者による学習の成果から学習するという**代理学習**（観察学習,モデリング）のための認知技術を習得することが必要になると思われる。第2章で論じるように,この点で注目すべきなのは,事例研究の方法（ケース・メソッド）である。それは,メンタル・シミュレーションをつうじた仮想現実体験を可能にする**類推的推論**を活用する。推論とは,反事実的条件法にもとづく世界 ——「Xだったら,Yだったのに」という事実ではない仮定の世界 —— も含め,想像上で可能になるさまざまな世界 —— 可能世界 —— を描き,知識を生み出していく作業である。

1つの可能世界にすぎないのに,力ずくで「真実」という衣装を着せて脚色された事実そのものに近づけるかという点より,いかに数多くの可能世界を描き,意図的につくられた事実を自分の力で棄却していけるかが圧倒的に大切である。少なくとも,私はそう考えている。すなわち,世界に横たわっているさまざまな情報を安易に信用してはならないという意味で,読者の慧眼が試されている。本書の読者には,そうした目のよさ,すなわち実学の精神を養うとともに,さまざまなソースを駆使し,世界の情報のどの部分を信じてよいのか,どの部分を信じてはいけないのか,

を見極められるようつとめてほしい。——信じる者は救われる，しかし闇雲に信じる者は救われない。したがって，世界に氾濫している情報を鵜呑みにして，多勢に流されてはならない。

　混迷のグローバル時代，よりよい世界を創造するために，われわれの社会を支えている法・規制を立案しうるという点で，貴重かつ稀少な能力をもつすぐれた官僚にしかできないことはけっして少なくない。そして，非官僚にしかできないこともけっして少なくない。官僚であれ，非官僚であれ，所詮は同じ人間であって，自分に与えられた資源を最大限に生かし，しかも新しい資源を蓄積して自らを成長させるという自分の経営，すなわち自己経営(セルフ・マネジメント)が必要なのではないか。何より，他人任せ，政府任せだけでは，解決されないであろう基本財毀損問題が目の前にあるのだから。基本財毀損問題の解決は，けっして自由放任(レッセ・フェール)ではかなわない。

　経営(マネジメント)は，組織の頂点に立つ者が主体として，他者を客体として意のままにしたがうよう支配し，秩序を維持するための道具だった。もはや，こうした古典的な意味に限定されてはならない。むしろ経営は，自分が自分をコントロールするためにある。自分がすすむべき正しい方向を発見し，それにしたがい真摯に前進していかなければならない。その際，冷静な頭脳，熱いハート，そしてイノベーションに向けた機敏な行動が求められる。

　とくに公的部門において，民間部門から広く提供された情報を活用し，現場の問題を感知し，その解決に必要な資源の配置・再配置を迅速に実行して変化を生み出すための経営が，今ほど求められていることはない。つまり，持続と変化を同時追求するという多能，すなわちダイナミック・ケイパビリティが必要なのであ

る。第6章で述べるように,資本主義の下で変化を促進するという点でガバナンスのもつ意味は大きい。ガバナンスは,ケイパビリティ移転をつうじて変化を促し,パフォーマンスを向上させる。

政府は,こうした新しい考え方をうまく取り入れていかなければ,山積する難問を敏速かつ適切に解決していくことはできまい。他方,国民は,政府・会社などの組織に任せっぱなし,たよりっぱなしにならず,自己経営に取り組んで越境的に行動することで,ガラパゴス化してしまった日本を立て直していく責務がある。ただしそれは,単なるものづくりの問題にとどまるものではないということを,ここでくり返しておく。

歪んだ自由放任から壁越えの自己経営へ。民にとっても,官にとっても,経営は重要な意味をもつ。また自分にせよ,他者にせよ,経営は人間を対象としていることに何ら変わりはない。持続と変化のバランスは,越境力を身につけ,経営の意味をよく理解した壁越え人間でなければ達成できないものなのである。

トーク・テーマ

- ♥カルテルと関係のある独占の形態として知られるトラスト,コンツェルンについて調べてみよう。そして,なぜ独占が問題なのかを考えよう。
- ♥BRICs,CIVETS以外に注目されている新興国経済について調べよう。これらのなかで特定の国に注目し,その国の会社を2つ調べよう。そして,その国と会社に関連して,企業グループ,産業,国民経済といった3つのレベルの特徴を描き出そう。
- ♥モジュール型システム,擦り合わせ型システムについて調べ,それぞれの特徴を比較しよう。

さらに深く学びたい人へ

♥ たとえば，長谷川幸洋（2009）『日本国の正体 —— 政治家・官僚・メディア　本当の権力者は誰か』講談社を批判的に読みながら，日本が直面している問題について議論しよう。

参考文献

1　瀧本哲史（2011）『僕は君たちに武器を配りたい』講談社。
2　谷口和弘（2006）『戦略の実学 —— 際立つ個人・際立つ企業』NTT出版。
3　たとえば，岸田民樹・田中政光（2009）『経営学説史』有斐閣，および稲葉祐之・井上達彦・鈴木竜太・山下勝（2010）『キャリアで語る経営組織 —— 個人の論理と組織の論理』有斐閣などを参照。他にも良書は，数多く存在する。
4　John Rawls (1999), *A Theory of Justice*. Revised Edition, Cambridge, MA: Harvard University Press.（川本隆史・福間聡・神島裕子訳『正義論［改訂版］』紀伊國屋書店，2010年）。
5　以下については，谷口和弘（2012）『日本の資本主義とフクシマ —— 制度の失敗とダイナミック・ケイパビリティ』慶應義塾大学出版会。
6　Masahiko Aoki (2010), *Corporations in Evolving Diversity: Cognition, Governance, and Institutions*. New York: Oxford University Press.（谷口和弘訳『コーポレーションの進化多様性 —— 集合認知・ガバナンス・制度』NTT出版，2011年）。
7　青木昌彦（2009）『私の履歴書　人生越境ゲーム』日本経済新聞出版社，2008年。
8　Gary Hamel and Coimbatore K. Prahalad (1994), *Competing for the Future*. Boston, MA: Harvard Business School Press.（一條和生訳『コア・コンピタンス経営 —— 大競争時代を勝ち抜く経営』日本経済新聞社，1995年）。
9　金井啓子（2011）「まだ終わらない大震災，問われるメディアの伝え方」『ウォール・ストリート・ジャーナル日本版』4月12日号。
10　Richard Langlois (2007), *The Dynamics of Industrial Capitalism: Schumpeter, Chandler, and the New Economy*. New York: Routledge.（谷口和弘訳『消えゆく手 —— 株式会社と資本主義のダイナミクス』慶應義塾大学出版会，2011年）。
11　Pankaj Ghemawat (2003), "Semiglobalization and International Business Strategy," *Journal of International Business Studies*, 34, pp.38-52，および Pankaj Ghemawat (2007), "Why the World Isn't Flat," *Foreign Policy*, 159, pp.54-60 を参照。
12　Christopher Bartlett and Sumantra Ghoshal (1989), *Managing Across Bor-

ders: The Transnational Solution. Boston, MA: Harvard Business School Press.（吉原英樹訳『地球市場時代の企業戦略 ── トランスナショナル・マネジメントの構築』日本経済新聞社，1990年）。

13 Yves Doz, José Santos, and Peter Williamson (2001), *From Global to Metanational: How Companies Win in the Knowledge Economy*. Boston, MA: Harvard Business School Press.

14 Constance Helfat, Sidney Finkelstein, Will Mitchell, Margaret Peteraf, Harbir Singh, David Teece, and Sidney Winter (2007), *Dynamic Capabilities: Understanding Strategic Change in Organizations*. Oxford: Blackwell.（谷口和弘・蜂巣旭・川西章弘訳『ダイナミック・ケイパビリティ ── 組織の戦略変化』勁草書房，2010年）。

15 盛田昭夫 (1987)『学歴無用論』朝日新聞社。

16 http://www.theboatrace.org/を参照。

17 Charles O'Reilly and Michael Tushman (2008), "Ambidexterity as Dynamic Capability: Resolving the Innovator's Dilemma," *Research in Organizational Behavior*, 28, pp.185-206.

18 Frans Johansson (2004), *The Medici Effect: Breakthrough Insights at the Intersection of Ideas, Concepts, and Cultures*. Boston, MA: Harvard Business School Press.（幾島幸子訳『メディチ・インパクト ── 世界を変える発明・創造性 イノベーションはここから生まれる！』ランダムハウス講談社，2005年）。

19 Roger Martin (2007), *The Opposable Mind: How Successful Leaders Win Through Integrative Thinking*. Boston, MA: Harvard Business School Press.（村井章子訳『インテグレーティブ・シンキング ── 優れた意思決定の秘密』日本経済新聞出版社，2009年）。

第2章

人間の認知と行動
―― 制度経済学と認知科学

人間の意思決定

　世界には，さまざまな国があり，さまざまな言語があり，さまざまな組織があり，そしてさまざまなルールがある。自分を取り巻く環境を知ることは，生きていくうえで不可欠である。何かを知るということ，すなわち**認知**は，人間の心がはたす基本的な役割の1つである。われわれは，日常生活において他者と相互作用を展開している。その際，相手にあわせることをまず知る必要がある。たとえば，友達との会話の場面では，互いに相手の話にあわせながら話の流れが形づくられる。また，自動車を運転している場面では，自分が右折したければ，これから右折するということを，ウィンカーを出して後方車のドライバーにあらかじめ伝えておかなければならない。このように，それぞれの場面では相互作用が展開され，人々は互いに相手のことを考えたうえで意思決定を行っている。意思決定とは，何らかの目標を達成する際に，

複数の可能な方法（選択肢）のなかから最適なものを選択しようとすることである。その際，認知が不可欠となる。

ところで，日本のたいていの大学の学部生は，3年生の後期くらいから自分の進路について真剣に考えはじめるようである。実際，2011年3月に経団連が「採用選考に関する企業の倫理憲章」をまとめたこともあり，企業は，学部生を対象にする場合には3年生の12月以降でないとフォーマルな広報活動は難しくなった。そのため，ソーシャルメディアを活用した幾分インフォーマルな活動（いわゆる「ソー活」）を考えている企業も少なくないだろう。他方で学生は，ゼミ，サークルなどの先輩に話をきく，あるいは会社・業界・大学院・留学先など進路にかかわる事柄について調べるなどして，自分の目標を漠然と抱き，その目標を達成するうえで最適と思われる進路をみつけ出していかねばならない。ただし問題は，自分がすすみたいと思ったからといって，実際にその進路にすすめるとは限らないということである。とくに人気の高い会社での就職活動の場合，その会社で働けるようになるには，エントリー・シート，筆記・ウェブ試験——たとえば，かつてのリクルート人事測定事業部が開発したSPIとよばれる適性検査——をはじめ，グループ・ディスカッション，面接などと続くあまたの難関を突破していかねばならず，自分の努力だけで最終面接での合格にまでたどりつけるわけではない。つまり実際，意思決定がもたらす結果は，不確実な要素（運）が介在するために，自分にとって最も望ましいものになるとは限らない。

基本的に**意思決定**には，合理的選択型，ルール遵守型という2つのタイプがある。これは，人間の認知を重視して組織を理解す

るという特徴をもつカーネギー学派のジェームズ・マーチ (James March) による類型化である[1]。第1に、**合理的選択型の意思決定**は、結果の論理にしたがう。つまり、安定的選好（事物にたいする安定した好み）にもとづいて複数の選択肢を評価したうえで選択を行う。その際、**完全合理性**（完全な情報収集・処理能力）にもとづいてすべての選択肢を比較し、そのなかから最適なものを選択する最大化の行動原理の他に、**限定合理性**（限られた情報収集・処理能力）にもとづいていくつかの選択肢を比較し、**要求水準**（ある種の目標値のことで、人間はこれを上回ると成功、逆に下回ると失敗と判断する）を満たすよう十分に納得できるものを選択する満足化の行動原理もある。第2に、**ルール遵守型の意思決定**は、適切性の論理にしたがう。つまり社会でうけいれられ、さまざまな状況で適切とみなされる仕方で選択を行う。

合理性は、計算や情報処理などの認知活動の能力を意味する。実際のところ、われわれの合理性は限られている。マーチと同じくカーネギー学派の中心人物であるハーバート・サイモン (Herbert Simon) が示した限定合理性という概念は、人間は合理的に行動しようと意図したとしても、その程度が限られていることを表す[2]。この概念によれば、人間は、すべての選択肢を思い浮かべ、そのなかから最適なものを選ぶ際に必要となる完全な能力をもちあわせていない。したがって人間の行動原理としては、最大化より満足化のほうが現実的である。しかし問題は、人間の満足化行動を左右する要求水準は時間をつうじて変化するため、意思決定が不安定になりかねないことである。

しかし経済学では、選択肢にたいする選好は安定していて変わ

らないものと仮定され、選好が時間をつうじて変わる可能性、ないし選好が形成されるプロセスなどについては、問題にならなかった。そして経済学に登場する人間は、経済人としてモデル化され、そうした安定的選好の仮定の下で私利を追求すべく、すべての選択肢を瞬時に思い浮かべ、そのなかから瞬時に最適な選択肢を選び出せる完全合理性をもつとみなされてきた。だが理論世界の経済人にとって、自分の**効用**（経済活動によってえる満足度）を最大化することは簡単かもしれないが、現実世界のわれわれにしてみれば、それは不可能だとさえいえよう。

そこで、こうした人間の認知にかんして理論世界と現実世界のあいだにギャップがあることに気づいた一部の経済学者は、合理的選択型の意思決定だけでなくルール遵守型の意思決定にも目配りするようになり、ルールとしての制度の問題に取り組みはじめた。そして、限定合理性という仮定の下、従来の理論を修正していく、あるいは新たに理論をつくりなおすようになった。こうした変化の過程で、人間の合理性の限界を補ううえで制度がはたす役割、そして意思決定を行う際に必要な認知を節約する**ヒューリスティクス**（経験則：経験、カンなどによって迅速に解を発見する有効な手続き・方法）に注目が集まりはじめた。概していえば、制度経済学は制度を、そして認知科学は認知活動を、それぞれ扱う専門領域だといってよい。以下では、これらについて説明しよう。

制度経済学とは何か

制度経済学は、文字通り制度の働きを明らかにする経済学の一分野である。価値、規範、法、規制に加え、市場契約、企業の組

織形態などのさまざまな制度を対象として，その生成・変化，さらには経済行動への影響を説明しようとする[3]。制度経済学では，制度の累積的な進化プロセスやパワー（権力）の問題を扱う旧制度主義，個人の合理的選択の観点から制度の生成・変化や効率性の問題を扱う新制度主義といった2つの大きな流れが存在する。

とくに，新制度主義の流れをつくったロナルド・コース（Ronald Coase）が1991年にノーベル経済学賞を受賞して以来，経済学における制度研究は加速したようにみえる。さらに同賞を，1993年に受賞したダグラス・ノース（Douglass North）による制度変化の数量経済史的研究，そして1994年に受賞したジョン・ナッシュ（John Nash）による非協力ゲーム理論における均衡分析は，他の研究成果のなかでもとりわけ近年の制度経済学の発展に大きな影響を及ぼした。

経済学者は，意思決定を行う個人・組織（プレイヤー）のあいだで，認知と行動をめぐって展開される相互作用（ゲーム）の観点から制度を理解しようとしてきた。そこでは，プレイヤーが互いに相手の行動を予想し，自分がえる利得ができるだけ大きくなるように戦略を選択する。彼らが相互作用をつうじて認知次元で意思決定を行い，行動次元で何らかの戦略を選択した結果，ゲームの均衡がもたらされる。ゲームに参加するプレイヤー，彼らが選択しうる戦略，そして彼らの戦略選択によってもたらされる利得などは，ゲームのルールによって決められる。

一般的に経済学者は，制度を理解するうえでゲームのアナロジー（類推）にたより，ゲームのルール，ゲームのプレイヤー，あるいはゲームの均衡のいずれかの側面に焦点をあてた。しかし，

図中:

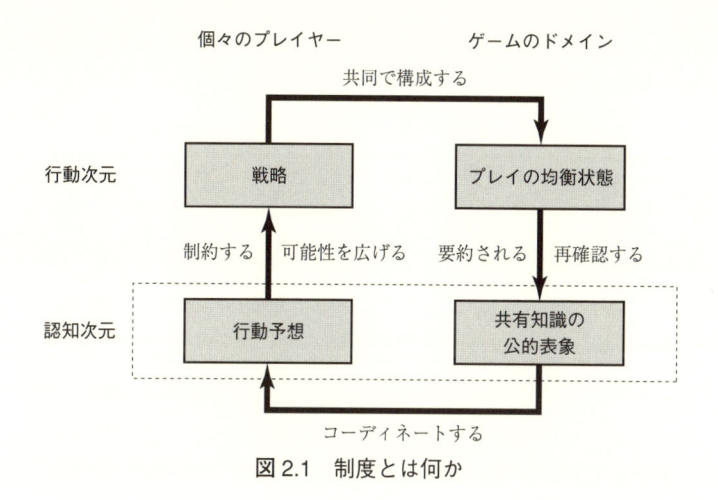

個々のプレイヤー　　　　ゲームのドメイン
　　　　　共同で構成する

行動次元　　戦略　　　　プレイの均衡状態

制約する　可能性を広げる　要約される　再確認する

認知次元　　行動予想　　　共有知識の公的表象

　　　　コーディネートする

図 2.1　制度とは何か

スタンフォード学派による比較制度分析[4]や歴史比較制度分析[5]は，そうした一面的な制度観ではなく，さまざまな要素からなるシステムとしての制度観（制度の見方）を支持する。

比較制度分析の制度観

　図 2.1 には，比較制度分析の制度観が示されている[6]。破線で囲まれた部分が示すように，制度とは，行動予想であるとともに共有知識の公的表象でもある。まず意思決定主体としてのプレイヤーは，完全な情報収集・処理能力をもたないため限定合理的だと考えられる。したがって，プレイしているゲームについて細部にわたる完全な知識をもたないものの，ゲームをどうプレイするかについてはおおまかに把握することができる。つまり，他のプレイヤーを観察する，あるいは社会ネットワークをつうじた情報収集につとめるなどして，複数のプレイヤーのあいだで共有され

ているゲームのプレイの仕方（プレイの均衡状態）の際立った特徴を理解する。

このように，ゲームをプレイする共有された仕方の際立ったパターンにかんする**行動予想**は，制度を構成する要素とみなされる。複数のプレイヤーの行動予想がコーディネートされ，それにもとづいて特定の戦略がくり返し実行されるようになると，ゲームのプレイの仕方にかんして際立ったパターンが生成する。次第にそうしたパターンは，自己拘束的なゲームのルールとみなされるようになる。ゲームのプレイの仕方にかんする際立ったパターンの知識は，プレイヤーのあいだで共有される。このように制度の要素としての**共有知識**とは，ゲームの安定したプレイの状態にかんする際立った特徴についての知識を表す。

共有知識があるからこそ，プレイヤーは，他のプレイヤーが何をしているか，あるいは自分が選択した戦略にたいしてどのように反応するか，にかんして行動予想をえることができる。この点で共有知識は，人々の行動予想をコーディネートする役割をはたす。しかしそのためには，均衡の際立った特徴にかんする共有知識は，ルールとして公的表象の形態をとる必要があろう。そして，そうしたルールが人々に共有されて広く知られるようになると，「YならばXだろう」といったIf, Thenルールへと要約される。

制度は，すべてのプレイヤーにとって認識可能な公的表象の形態をとるようになると，客観的な現実として存在するようになる。さらに，すべてのプレイヤーによって共有された主観的な予想とならなければ，ルールがプレイヤーによる戦略選択に反映されることはない。この点については，さらに詳しい説明が必要か

もしれない。

　たとえば，麻薬，覚せい剤，大麻などの密売に厳しい刑罰を科す，というルールは六法全書のなかに客観的に表現される。しかし，それが実際に履行・実効化されると誰もが予想しない限り，制度とみなすことはできない。要するに，明文化された法が存在する —— たとえば日本では，麻薬及び向精神薬取締法，覚せい剤取締法，大麻取締法などが施行されている —— にもかかわらず，これら一連の薬物の密売が社会で横行しているようであれば，法は実効化されていないので，制度とはみなされないということである。

　このように制度は，共有知識の公的表象としての客観性に加え，共有された行動予想がもつ主観性によって特徴づけられる。そしてこの二面性は，可能性の拡大と制約というまた別の二面性へとつながっていく。つまり制度は，予想をつうじてプレイヤーによる戦略選択を制約すると同時に，彼らの限定された情報処理能力を補うことにより相互にまとまりのある選択を導くこととなる。

　たとえば，覚せい剤取締法という制度についていえば，人々は社会で市民として生活する際，「覚せい剤を所持する」という選択肢を排除せねばならず，その行動は制約されてしまう。実際，覚せい剤取締法第41条の2が規定するように，覚せい剤を所持していることが発覚すれば，10年以下の懲役に服さなければならない。そのため，いくら親しい友人，仲のよい先輩にすすめられたとしても，また覚せい剤がどのようなものか関心があったとしても，けっして覚せい剤を所持してはならない。ダイエットに効くからとか，ハイになれるからとか，たとえいかなる理由をつ

けられようと，覚せい剤やそれに類する危険な薬物（たとえば，大麻，麻薬，脱法ハーブなど）は，所持も，利用も，絶対にしてはならないと，この際，認識しておくべきである。

　他方，そうした法の存在によって，余計な情報——たとえば，他の人々は覚せい剤を所持するかどうか，所持するとしたらどこに隠しておくのがよいか，そして警官は少量の覚せい剤ならば罪をみすごしてくれるかどうか，などといった情報——を収集する必要がなくなり，単純に「覚せい剤を所持しない」という戦略を選択できる。可能性の拡大とは，そうした情報収集の費用を節約できるという認知の経済を表す。

　たとえばクラブに出かけた際，その場で意気投合した外国人の悪い誘惑に負け，某有名人が昔やっていたということで聞き覚えのあった「あぶり」を試し，その外国人から覚せい剤を譲り受け，ストローで吸引するのが常習化してしまったらどうだろうか。しかも，薬物の影響により路上で挙動不審な行動をとっていたらしく，不運にもそばを通りかかった警察官に職務質問をうける（警察官職務執行法2条1項）こととなり，結果的に隠しもっていたストローと覚せい剤をセットで発見されてしまったらどうだろうか。そもそも「覚せい剤を所持すれば，警察官につかまることになり，法によって厳しい刑罰を科されるだろう」と予想すれば，「覚せい剤を所持しない」という戦略を選択していたはずである。

　人々が個々に，「覚せい剤を所持しない」という戦略を選択した結果が集計され，社会では，「覚せい剤を所持しない」という均衡が内生的に創出される。そうした均衡の際立った特徴は，共有知識として法などの公的表象の形態をとる。そうしたルール

は,「覚せい剤を所持すれば,刑罰を科せられるだろう」といった予想に要約され,すべての人々にとって共有された行動予想とみなされるようになる。たとえば,人々の注目を集めるという意味で際立つ個人である芸能人やアーティストが,覚せい剤取締法違反で逮捕された事実がマスメディアにより報じられれば,そうした予想があらためて強化されることになろう。

さらに行動予想は,時間をつうじて持続的に人々による戦略選択を制約する。そして,人々が行動予想にもとづいて戦略選択を行った結果,ゲームの均衡状態が再生産されていく。このように制度は,自己維持的であり,均衡の際立った特徴にかんする共有知識は当然視されるようになる。したがって制度は,内生的に創出される一方で外生的な存在にもなりうる。

以上に記した比較制度分析の考え方によれば,制度は人々が共有する行動予想であり,均衡の際立った特徴にかんする共有知識の公的表象でもある。この制度観は,制度がもつ二面性のみならず,それがルールとしていくら明文化されているとしても,実際に人々がそれを現実のものと信じたときに限って制度になる,という**実効性**にも着目したものである。したがって制度の実効性という点では,ルールを法制化したところで何ら意味がないのかもしれない。

たとえばレディ・ガガは,同性愛者への差別によるいじめが原因で自殺を図った1人のファンの少年に心を痛め,法によっていじめを禁じようというアプローチを支持する[7]。しかしそれでは,弁護士,企業倫理学者などを招いて企業倫理委員会を設けたものの,実際には不祥事——たとえば,たとえ意図せざる帰結だったとはいえ,度重なって生じた原発事故やリコール(販売し

た製品の回収・修理）など——の非倫理的な隠蔽を続けてきた会社と同じく，有効ではない結果をもたらすだけではないか。ルールをつくったところで，それが実効化されないことは，織り込み済みの倫理の茶番でしかないことがよくある。要は，ルールをつくることが大事なのではなく，いかにルールを内面化させるかに焦点をあてねばならない。比較制度分析の制度観は，人々の内面的な認知活動に着目しているという点で，以下で説明する認知科学と密接なかかわりをもつ。

認知科学と認知活動

認知技術としてのレトリック

人間は，自分を取り巻く世界を知るために認知活動を行う。たとえば，意思決定，問題解決，学習，記憶，想起など，人間の心の働きは実に多岐に及ぶ。認知科学は，このようにさまざまな心の働きを人間がどう実行しているかを扱う。だがあいにく，心の働きを理解するという作業はけっして容易ではない。というのも，人間の心は実体をもたないため，それを手にとってメスで解剖したり，顕微鏡で観察するわけにはいかないからである。そこで，概念やイメージなどの心的表象（現実世界を表象するような心のなかの認知的なシンボル）を活用するとともに，心を何かになぞらえてみる方法にたよってきた[8]。

理論世界で心の働きを研究する認知科学者ばかりか，現実世界の住人である普通の人々も，ある物事を理解するために別の物事にたとえてみることがよくある。このように，ある物事にもとづいて別の物事を理解する際に利用される認知技術は，**レトリック**（修辞法）とよばれる。制度に依拠した人間の行動を支えている

認知を理解するために、現実的なレトリックについて論じておく必要がある。すなわち、心の働きを言葉でうまく表現するための技法であるレトリックは、**メタファー**（隠喩）、**シミリ**（直喩）、**メトニミー**（換喩）、**シネクドキ**（提喩）などと実に多様である。それによって人間は新しい言語を生み出し、より有効に認知活動を行っている。以上の4つのレトリックについて、それぞれ詳しくみてみよう。

第1に**メタファー**は、通常は名づけられない物事を、特徴的に類似した別の物事をつうじて名づけることである。通常、「XはYである」の形式をとり、Xを**ターゲット**、Yを**ベース**とよぶ。たとえば、「日本の会社は家族である」というのはメタファーである。かつて日本の会社で確認された終身雇用、年功序列、企業別組合といった雇用慣行は、**日本的経営**の三種の神器として知られ、一時は日本の会社の成功要因として国内外で注目されたことがあった。その根底には、伝統的な日本社会の価値である家族主義があり、日本の会社では、経営者の温情主義にもとづいて雇用契約を超えた労使間の互恵関係が生成したとされる[9]。この点で、そうしたメタファーには意味があったのかもしれないが、1990年代初期に日本ではバブルが崩壊した後、リストラや成果主義の波がおとずれたことにより、会社の雇用慣行は大きく変貌を遂げ、そのメタファーがもつ意味は失われてしまったようにみえる。

第2に**シミリ**は、たとえであることを明らかにしながら、ある物事を別の物事にたとえることである。メタファーとは違い、シミリでは「XはYのようだ」のように「ようだ」という比喩指標を用いて、たとえであることが明確にされる。たとえば、「日本

の会社は家族のようだ」はシミリということになる。さらにシミリは，ターゲットとベースの類似性という観点からメタファーとは区別されるようである。すなわち，類似性が小さければシミリをつうじて比喩指標を用いた意図的な関連づけがなされるのにたいして，逆に大きければメタファーが用いられる。

第3に**メトニミー**は，ある物事を表す際にその名前を用いずに，それと近接した物事の名前を用いて表すことである。たとえば，「ホンダが急騰している」というのはメトニミーである。「ホンダ」が表しているのは，実はその株価のことである。ここでは，会社とその株価のあいだの近接関係が基礎にある。あるいは，たとえばヨドバシカメラにテレビを買いに出かけ，店員にREGZA, BRAVIA, AQUOS, VIERAなどについて一通りの説明をうけたとしよう。その後で「ソニーを下さい」といったとすれば，その客は「ソニー」という表現によってBRAVIAというソニーのテレビを表し，これをまさに買おうとしているのだ，と解釈できる。さらに例を挙げれば，「霞ヶ関」は官僚が働く省庁が集積している地名であるのにたいして，「永田町」は国民の代表とされる国会議員が働く国会のある地名である。それぞれの地名と近接しているという点で，それぞれ官僚，政治家を抽象的に表す。

第4に**シネクドキ**は，高次の物事を低次の物事でおきかえたり，あるいは低次の物事を高次の物事でおきかえることである。ここでは，部分と全体の関係性に焦点をあてるという点でシステム思考が求められよう。つまり，ある集合とその構成要素である元をイメージする必要がある。たとえば，「中関村は中国のシリコンバレー」という場合，「シリコンバレー」は，文字通りカリ

フォルニア州サンタクララバレーの周辺地域を表すのではなく，すぐれた地域開発モデルとしての際立つ**クラスター**（産業集積）を意味する。つまり中国・北京にある中関村は，際立つクラスターという集合のなかの1つの元を表す。

経済学と経営学におけるレトリック ── 3つの手

こうしたレトリックは，人間の認知活動を豊かなものにしてくれる比喩表現である。その証拠に，これまで経済学，経営学でも活用されてきた。まず，経済学の父として知られるアダム・スミス（Adam Smith）は，18世紀にレトリックを駆使して，個人の利己心に任せておけば望ましい資源配分をもたらすという市場の働きを手にたとえてみせた。つまり，スミスのいう**みえざる手**は，市場という1つのコーディネーション・メカニズム（調整メカニズム）の比喩である。彼はみえざる手，すなわち市場によるコーディネーションについて詳しく説明せぬまま，メタファーによって市場の際立った特徴をえぐり出そうとした。

そして20世紀になって，アルフレッド・チャンドラー（Alfred Chandler）は，みえざる手の「手」の部分に焦点をあて，**みえる手**という新たなメタファーを提示した。つまり資源配分の役割は，市場という抽象物から，ビッグ・ビジネス（大企業群）を動かす専門的な俸給経営者という実在へとシフトした。チャンドラーはこうした経営者の台頭を，みえなかった手が人格をもち，体化される（みえる）ようになったという意味をこめ，みえる手と表現したのだった。会社の内部では経営者のヒエラルキーが形成され，彼らは企業成長のための長期目標を策定し，それにしたがって組織をつくる。結果的に，さまざまな活動を内部で行う統合型の大企業，すなわちチャンドラー的企業が生成した。

しかし21世紀をむかえた今日,資本主義はさらなる進化を遂げた。グローバル化や情報通信技術の発展などをうけ変化した環境の下では,会社の内部組織でさまざまな機能を統合するより,むしろ外部組織へのアウトソーシング（外部委託）に依存するほうが有利になった。スミスの時代には存在しなかった専門業者が発達したため,市場は当時よりも厚みを増したのである。リチャード・ラングロワ（Richard Langlois）は,経営者のヒエラルキー（階層組織）から,厚みを増した市場へとコーディネーションの役割がシフトしたことを**消えゆく手**とよぶ。19世紀,20世紀にみえていた手は,21世紀になって影のように消えつつある。

第6章で詳しく述べるように,スミス,チャンドラー,ラングロワが描き出した手が時間をつうじて変化したという事実は,資本主義の進化プロセスを表す。人間は,このプロセスのなかで,複雑かつ不確実な世界のなかでさまざまな問題に直面し,これらを個人的・組織的に解決しようと試みてきた。しかし,限定合理性をはじめ,さまざまな限界を抱えた生身の人間にとって,問題にたいする適切な解を見出すのはおろか,問題を適切に認識することさえ,ままならないことがよくある。いくら組織をつくったからといって,たえまなく変わり続ける世界にかんして,その詳細を完全に理解することなどとうていできない。

推論の方法

演繹・帰納・アブダクション

複雑かつ不確実な世界のなかで行われるわれわれの認知活動では,ある物事を前提として何らかの結論を導き出すという**推論**が活用される。したがって,現実世界における人間の認知・行動を

理解するうえで推論についての考察が必要となる。一般的に人々が行っている推論として，2つの仕方が知られる。

第1に，前提が正しいのであれば結論も正しいという**演繹**である。演繹では，一連の前提となっている命題（すなわち，「aはbである」といった文の意味内容）から，適切な手続をつうじてある命題が正しいかどうかが示される。たとえば，A，Bという原発立地である町を考えよう。そこで，「町は電力会社から寄付金をもらうと建物を建設しようとする」「Aは町である」という前提があった場合，これらから「Aは電力会社から寄付金をもらうと建物を建設しようとする」という形で論理的に結論を導くのが演繹である。

第2に，前提が正しいとしても結論が正しいとはかならずしも断言できないという**帰納**である。たとえば，「Aは電力会社から寄付金をもらうと建物を建設しようとする」「Bは電力会社から寄付金をもらうと建物を建設しようとする」という前提から，「町は電力会社から寄付金をもらうと建物を建設しようとする」という一般化を図るのが帰納である。帰納では，結論が正しいかどうかを示すために現実世界のさらなる探索が必要とされ，後から知識が追加されていく。

哲学の分野で議論されてきたように，これら2つのタイプの推論は，研究者が理論を構築するための方法論にもなりうる。研究者は，現実世界の人々の認知・行動にかかわる出来事を説明できるような理論に向けて仮説（1つの可能世界）をつくり，この仮説について現実世界（また別の可能世界）で集めたデータを用いて検証・反証を行い，仮説を修正していくことで新しい理論を構築していく。人間の認知・行動をモデルとして表現できるとすれ

ば，それによってどのような結果が導かれるか予測することで，理論世界から現実世界へと演繹的に接近していく。もちろんそれにとどまらず，実際に予測された結果にもとづいてモデルについての一般的な含意を導こうとすることで，現実世界から理論世界へと帰納的に接近することもできる。

さらに，人々が行っている推論として，**アブダクション**（仮説設定法）とよばれる第3のタイプがある。つまり，新しい仮説を生み出すために別の問題をひきあいに出すという推論である。たとえば，Cという町が競技場を建設していることを知り，Cの住人は，それ以前に電力会社の寄付金で体育館がつくられたことを思い出し，競技場の建設も電力会社の寄付金によるものだ，と推論する。帰納は，複数の事例を一般化して何らかの結論を導く方法なのにたいして，アブダクションは，このように原因を説明できるような仮説を求める。そもそもそれは，チャールズ・パース（Charles Peirce）が示した推論のタイプである。正しい仮説にたどりつくことを目的としないという点で，かならずしも厳密な方法だとはいえないが，もっともらしい仮説に簡便にたどりつくことを可能にする。また，生み出された仮説が間違っているかもしれない可能性を考慮し，もっとすぐれた仮説がほかにもありうるとする点で，開かれた考え方でもある。

哲学でいうアブダクションは，われわれにとって簡便な問題解決を可能にする。つまりそれは，心理学でいうヒューリスティクスに依存することである。現実の人間行動を理解するために，心理学の成果を経済学に応用するという行動経済学では，直感は，人間の推論を補い，熟練した迅速な認知活動を支える一方，物事の認知についてのバイアス（歪み）を生み出して判断をあやまら

せてしまうことがある。人間は、直感的判断においてヒューリスティクスに依存するため、困難な問題に直面した場合、本当の解を考え出す代わりに、アクセスしやすい解を安易に採用しがちである[10]。したがって、アブダクションという推論をうまく行うには、さまざまなヒューリスティクスがありうることを理解し、これらがもたらす認知バイアスの影響をできる限り小さくするための方策を考えておく必要がある。

ヒューリスティクスの多様性

ヒューリスティクスとして、主に3つのタイプが考えられる[11]。

第1に、人間は情報を入手する際の手軽さ、思い出しやすさを重視するという**利用可能性ヒューリスティクス**である。たとえば、東日本大震災の後に福島第一原発事故がおきたとき、被災地・首都圏に住む自国の人たちにたいして、3月16日までに国外退避するよう検討をよびかけていたドイツ大使館による切迫した対応があった。他方、そうした危機時にもかかわらず、テレビ・新聞などのマスメディアで頻繁に報道されているニュースにもっぱらよるだけで、平時と変わらぬまま多様なメディアの多様な情報を比較検討することなく、「ただちに人体に影響を与えるものではない」という枝野幸男官房長官の会見を鵜呑みにしてしまった人たちも多かった。そうした人たちは、利用可能性ヒューリスティクスにたより、あちらの世界から近づいてくる費用のかからない手軽な情報、あるいは頻繁に報じられていたため頭にこびりついてしまった情報を、問題解決の際に安易に利用していたことになる。

第2に、ある時点でえた情報が、その後の時点での意思決定にたいして時間をつうじて影響を及ぼし続けるという**アンカリング**

である。たとえば，トルコのイスタンブールにあるグランド・バザールでの買物を考えよう。そこでは，売手である商人が最初の交渉段階で法外に高い価格をふっかけてくる。その段階で，買手はその価格を極端に高いと感じたとしても，次の段階で，売手が半値近くにまで価格を大幅に下げて提示してきたとすれば，買手はかなり安くなったと感じて気を許し，購買に向けて一気に流されていくにちがいない。これこそ，グランド・バザールの商人の巧みな交渉術である。

　他方，東日本大震災後の福島第一原発事故をおこした東京電力が，もしかりにグランド・バザールの商人のように抜け目ないシャークだとしたらどうだろうか。たとえば，われわれの多くは，首都圏での計画停電にかんして報じられた政府，東京電力などの発表をつうじて，緊急事態だったので計画停電は物理的に避けられないものなのだ，と素直にうけいれたであろう。しかし他方，計画停電は，原発なしでは電力がなくなってしまうという脅しを国民にかけることで，原発が必要だという世論を形成するために意図的につくられた事実にすぎない，という批判的かつうがった見方もある[12]。すなわち東京電力は，意図的に電力供給をコントロールしたが，そもそもそれは，計画停電という名の下に自社の存在意義，ひいてはその金のなる木である原発の存在意義をアピールするための演出にすぎず，国民を電力に，ひいては原発に飢えさせることを究極的な目的としていたのだ，と。もちろん，こうした見方は，真実とは異なりうるという意味で正しいものではないのかもしれないが，少なくとも1つの可能世界とみなすことはできる。

　なるほどアンカリングの観点からすれば，計画停電は，国民を

電力に飢えさせ，原発を訴求させるための人為的工夫として，一定の意味をもっていたようにもみえる。さらに悪いことに，アンカリングが功を奏し，人々がいったん原発を訴求するようになると，彼らは原発に都合の悪い情報には耳を傾けようとはせず，原発にとって都合のよい情報しか集めなくなる（チェリー・ピッキング）というあやまちをおかす。これは，行動経済学で**確証バイアス**とよばれる問題である。このように，偏った情報に囲まれて狭い範囲に限定された情報収集（局所探索）に閉じこめられてしまうようでは，よりよい世界の実現などとうてい不可能になってしまう。

第3に，部分を全体へと不適切な仕方で拡大してしまう**代表性ヒューリスティクス**である。たとえば政府，電力会社は，2011年4月4日に福島第一原発の放射能汚染水を太平洋へと意図的に流しはじめた。ただし，それによって日本全体の海が汚染されたわけではない。にもかかわらず，たとえばアメリカに住むある人は，日本全体の海が汚染され，日本全体の海産物が深刻なダメージをうけたという間違った認識を抱き，これまで食べていた日本産の魚の寿司を控えるということがあるかもしれない。このヒューリスティクスは，部分にかかわる際立った事例を，全体と錯覚しておきかえてしまうというあやまったシステム思考を表している。また，少数のサンプル（部分）が母集団（全体）の特徴をすべて反映していると思いこんでしまう少数の法則と関係する。

認知バイアスを小さくする

次に，一連のヒューリスティクスがもたらす認知バイアスを小さくする仕方について考えよう。すなわち，手軽な情報への過剰依存（利用可能性ヒューリスティクス），すりこみ（アンカリン

グ），部分の不当拡大（代表性ヒューリスティクス）それぞれに起因する人間の認知活動の失敗をどう解決していくかを検討する。これらは，人間にあまねくあてはまる一般的な特徴であって，われわれが認知活動を行っていくうえで避けられない制約かもしれない。だが，ソースの拡大，情報供給主体の意図分析と**反事実的条件法**（事実に反する仮定にもとづいて可能性を広げる方法）にもとづくメンタル・シミュレーション，そして下位システムの分析によって，そうしたあやまりをある程度は解決できるのではないだろうか。

　第1に，利用可能性ヒューリスティクスは，手軽にアクセスできる情報，簡単に思い出せる情報に過度に依存してしまうという問題であるから，われわれにとって，情報をえるソースを多様化する努力が必要となる。要するに，世の中には，ただより高いものはないという原則があてはまるので，よい情報を収集するにはそれなりの費用を負担しなければならないということである。他者が一方的に流している情報，目の前に転がっているただ同然の手軽な情報だけをたよりに生きているのでは，厳しい世の中で生き残っていくことは難しい。たとえば，原発事故などの危機的状況においては，自分・家族の健康，会社の存続を犠牲にするなど，結果的に高い代償を支払う羽目に陥る。個人や組織にとって多様な情報を活用することは，リスク・マネジメントの観点からみても不可欠である。

　とくにテレビは，チャンネルをつければ簡単にアクセスできる手軽かつ有用なメディアである。しかも，とくに民間放送局は，スポンサーからの広告収入によって経営が成り立っているマスメディアの1つである。こうした理由で，それらのなかには，スポ

ンサーの意向にそぐわない物事に積極的に焦点をあてるインセンティブをもたない局があると考えられる。その結果，報じられる情報はある程度限定されてしまうので，それに過度に依存するのではなく，ソーシャルメディアや海外の新聞など他のソースを増やしていくことで多くの情報にふれ，手軽さから自分自身を解き放つ必要がある。無料で入手できる手軽な情報は，それを生み出すための費用を誰かが負担しているので，偏った物の見方を映し出している可能性がある。したがって，できるだけ多様なソースから多様な情報を収集し，そのなかから適切な情報を見極められるほどの厳しい目を日頃から養っておく必要がある。

第2に，アンカリングは，初期情報がその後の意思決定にたいして影響を及ぼし続けるという一種のすりこみとしてとらえられる。だが初期時点で情報を供給した主体は，何らかの意図をもっており，その実現に向けて後のプロセスで交渉，取引を有利にすすめたいと思っていたはずである。先にそうした情報供給主体として2つの例を挙げたが，グランド・バザールの商人は，できるだけ高く売りたい，という意図をもっているだろうし，（前述の批判的かつうがった見方が実際にあてはまると仮定すれば）計画停電を企てた東京電力は，原発を存続させたい，という意図をもっていよう。そこで，まず情報供給主体の意図がどのようなものかを分析する必要がある。相手の意図がわかれば，より適切な意思決定を行うことにつながり，結果的に自分の大切な基本財を不要なリスクにさらさずにすむ。

人間として避けがたいアンカリングのせいで，自分の意思決定を情報提供者である他者の意図に従属させ，さらに確証バイアスによってそうした特定の意図にそった情報ばかりを追い求め，自

分の意思決定を正当化する傾向があることを認識しておかねばならない。さらに悪いのは、人々が束になって集まると、そうした情報が共有されて当然視されるようになり、多勢のなかでそれに異論を唱えることがますます難しくなっていくことである。こうした状況は、危機にたいして鈍感になり、思考停止に陥ってしまった今の日本にあてはまるのではないか。その証拠に、テレビ・新聞の受け売りの話しかできないくせに安易に政治家・官僚批判をくり広げ、日本が直面している難問——とくに日本の資本主義におけるガバナンスのガラパゴス化という難問——を正しく認識できていない人たちが巷にあふれているようにみえる。要は、想像力——実学の精神にもとづくメンタル・シミュレーションの能力——を欠いているということなのだろう。

　多くの人々が話している物事がいくら事実として当然視されているとしても、まずはそれを疑ってみることである。安全が当然視されているとしても、あえて危険を想定してみる。あるいは、成功が当然視されているとしても、あえて失敗を想定してみる。最も厳しい条件を採用した結果、それでもなお安全、成功が予想されるというのであれば、これらは自分で納得できるという意味で本物にちがいない。批判精神にもとづく想像力の発揮こそ個人の自由なのであって、多様な世界の実現のために不可欠な営みである。

　また、多くの人々が共有している既存の仕組のなかで一番得をするのは誰かを考え、その主体の意図をさぐっていけば、何らかの重要な発見につながるかもしれない。とくに、多くの人々が支持する事実とは反するとしても、「Xだったら、Yだったのに」という反事実的条件法にもとづいて想像力を発揮し、他にも実現

可能な世界を意識的に描き出してみることが大切だと思われる。それにより，今，目の前にある多くの人々が当然視している世界と同じではない，より多くの可能世界を手にできる。そして，自分の力でこれらを取捨選択していけば，真実のなかの真実に近づける可能性が高まるのではないだろうか。

グローバル時代においては，個々の違いを武器として前面に押し出すべきであって，まわりと違っていることを何らおそれる必要はない。ただし，けっして誤解してほしくないのだが，本書では，秩序を乱せとか，天邪鬼にふるまえとか，いっているのではない。むしろ，組織の一員として守るべき秩序もあるだろうが，闇雲にそれにしたがうのではなく，そもそも何のための秩序なのかを根本から問い直す必要があると述べているのである。皆が間違った方向に「右へならえ」しているようでは，身近な組織の持続可能性，国・地球の持続可能性を損なうばかりか，自分の生命すらも危険にさらしかねない。まじめに努力することは大事だが，間違った方向に向けたまじめさは破滅につながりかねない。人の和を乱さないいい人でいる代わりに，多様な情報・意見を積極的に取り入れ，正しい方向への一歩をふみ出すことが大切だと思われる。そうすれば，よりよい世界の創造に向けた可能性は開けるはずである。まわりと同じであることに居心地のよさを感じたら要注意だ，と心得ておこう。

第3に，代表性ヒューリスティクスは，部分を不当に拡大することで全体をとらえ損なうということである。ある意味で，それはシステム思考の失敗とみなされるかもしれない。先の例でいえば，日本全体の魚が放射能汚染による被害をうけているという仮定の下，それらの購買をあまねく差し控えるといった（間違っ

た）行動は，まさに代表性ヒューリスティクスがもたらした認知バイアス以外の何物でもない。それは，風評被害とよばれた。その当事者は，放射能汚染水の投棄が行われた福島第一原発周辺の海と日本全体の海とをあやまって同一視している。日本は，北海道から沖縄県まで地理的に広がっており，すべての地域が太平洋側に位置しているのではない。その人は，福島県と日本の地理，福島県をはじめ太平洋沿岸の海流などについて，部分と全体の関係性の知識を欠いていたため，「福島県＝日本」という見方に飛躍してしまったのだろう。とくにグローバル化がますます進展している状況で，諸外国についてのこうした知識は不可欠となっており，国レベルだけでなく，その地域・都市などと下位レベルへとすすみながらシステムを分析していくことが必要となろう。そうでなければ，われわれはその人と同じ失敗をくり返してしまう。

　これまでみてきたように，アブダクションは，正しい解を導くための厳密な推論ではないものの，人間が認知活動によって新しい可能世界を生み出すうえで有用である。人間は，さまざまなヒューリスティクスに依存しながら簡便に認知活動を行っているが，その際，認知バイアスの影響を少なからずうけてしまう。そこで私は，こうした影響をできる限り小さくするため，ソースの拡大，情報供給主体の意図分析，反事実的条件法によるメンタル・シミュレーション，そして下位システムの分析を行うべきだと論じてきた。以下では，アブダクションと深い関係のある類推的推論についてみてみよう。

類推的推論の方法

アナロジーからイノベーションへ

前述したように、アブダクションとヒューリスティクスのあいだには密接な関係があるが、さらにこれらはアナロジー（類推）と深いかかわりをもつ。つまり、すでに知っている物事をよくわからない物事に適用して考えてみるのが、アナロジーである。アナロジーを利用する際、たとえを用いることで、物事のあいだに類似性を発見することがカギとなる。とくに認知心理学の分野では、**類推的推論**、アナロジカル・シンキングなどとよばれるように、文字通りアナロジーにもとづく推論のさまざまな仕方が研究されてきた。

ある物事を別の物事にたとえてみるというのは、われわれが日常的に行っている認知活動だといえよう。われわれが直面する問題は、すぐに解をみつけられる簡単なものから、今までの常識が通用しない難解なものまで実にさまざまある。いずれにせよ、一般的に問題解決の場面では、過去の経験からえた物事を理解するための枠組（**スキーマ**）を用いざるをえない。たとえば、自動車とはどのようなものか、ボールとはどのようなものかについて、われわれは経験をつうじて一般的な知識をもつ。さらにいえば、時間の流れにそった行動手順にかんする知識（スクリプト）も用いなければならない。たとえば、料理をするには、どのような手順で行動したらよいかについての知識が必要である。

実際にわれわれは、未知の物事、今までにない難解な問題に直面した際、今の状況と過去の状況とを比較し、前者を後者になぞらえて理解しようとする。その際、既存のスキーマを活用する。

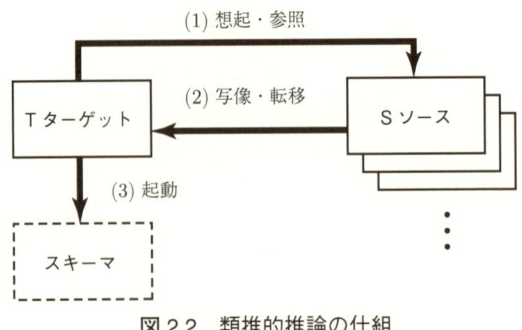

```
                (1) 想起・参照
        ┌─────────────────────┐
        │                     ↓
   ┌─────────┐  (2) 写像・転移  ┌─────────┐
   │ T ターゲット │ ←──────────── │ S ソース  │
   └─────────┘                 └─────────┘
        │ (3) 起動                   ⋮
        ↓
   ┌─────────┐
   │ スキーマ │
   └─────────┘
```

図 2.2 類推的推論の仕組

その意味でも、新しい物事は古い物事の組み合わせから生まれるのであって、ジョゼフ・シュンペーター（Joseph Schumpeter）がいみじくも述べたように、イノベーションとはまさしく既存の複数の諸要素の新結合にほかならない[13]。

認知心理学では、今まさに直面している状況、解決しようとしている問題のことを**ターゲット**とよぶ。これにたいして、過去に経験した状況、実際に解決した問題、問題解決のための参照先を**ソース**（ベース）とよぶ（本書では、主にソースという言葉を用いる）。類推的推論では、ターゲットとソースのあいだの関係性が問題になる。そのプロセスについては、図2.2のように示される。まず、今までにない問題や未知の状況（ターゲット）に直面した人は、それを理解するために自分の記憶をたどって、あるいは外部世界を探索し、理解のためのカギがないかどうかを検索するだろう。シュンペーターが強調したように、複数の諸要素を新たに組み合わせることによってイノベーションが生じることを考えれば、ターゲットを解決するための手がかりとなるソースを1つに限定する必要はない（したがって、図2.2のソースは複数の

ものが重なっている)。

人間にとって，自分の脳・肉体を用いた直接的な経験から知識をえる直接学習だけでなく，他者の経験を観察することで間接的に知識をえる**観察学習**（代理学習，モデリング）も可能である。とくに，みることによる学びを意味する観察学習の有効性は，「人のふりみてわがふり直せ」「他山の岩，もって玉を攻むべし」などといった故事や格言によって要約的に表現される。つまり観察学習は，実際に自分が時間の経過のなかでリスクを直接負担しながら試行錯誤する際の費用を節約し，注目に値する他者の経験を観察することで知識をえようとする。この点で，認知の経済にかなった学習の仕方だといえる。いうなれば，認知効率的な学習である。

観察学習の研究に貢献してきた社会的学習理論は，そうした学習の仕方をモデリングともよぶ[14]。モデリングを行う際，学習する観察者は，観察学習の対象として選択するモデルのすべての属性をみているのではなく，その際立った属性に注意を集中させている。社会的学習理論は，このように観察者やモデルの存在を想定するが，実際にわれわれが類推的推論を行う際，モデルを実体のある生きた人間に限定してはいない。われわれは，観察対象を生きた人間だけに限定してしまうとすれば，人間社会の進化プロセスであると同時にその出来事を記述した社会的産物でもある歴史から学習できなくなってしまう。

したがって類推的推論では，過去の人間の認知・行動をも有用なモデルとみなすべく，これらを人格化した人間そのものにもっぱら焦点をあてる仕方を採用しない。この点で，類推的推論のソースには，モデルとしての生きた人間（ヒト）だけでなく，彼ら

の認知・行動の成果を表象しているさまざまな事例・事物（モノ）をも含めることにより，社会的学習理論を超えて代理学習の可能性を拡大できよう。

　人間は，過去の記憶の検索（想起）を試みる，あるいは外部世界の他者・事例・事物の検索（参照）を行うことで，よく似た問題・状況（ソース）をいくつか探りあて，どのように理解できそうか，解がどのようなものかを考えるだろう。次に，今の問題・状況と，過去の問題・状況や参照先とがどれくらい似ているのかを見極めなければならない。つまり，ソースを構成する諸要素を，ターゲットを構成する諸要素に対応づけること（写像）により，ソースとターゲットが，表層的にではなく構造的に似ているかどうかを判断する必要がある。そこでは，それぞれに一定の秩序を見出し，適切に対応させるというパターン認識のケイパビリティが必要となろう。つまり，こうしたケイパビリティは，今の問題・状況にたいして過去の自分の経験，他者の事例などをあてはめてみること（転移）で，何らかの枠組をつくり出して理解する（新しいスキーマを生み出す）こと（起動）を可能にする。

松下幸之助の水道哲学

　類推的推論が会社経営において重要な意味をもつことを示すために，アナロジーにもとづいたビジョンの事例を挙げよう。すなわち，日本を代表する企業家の1人であり，パナソニックの創業者として知られる松下幸之助が示した水道哲学を挙げてみたい[15]。そもそも，パナソニックの創業日は1918年3月7日にさかのぼる。しかし松下は，自分が信仰する宗教ではないものの，知人に連れられるまま天理教本部を訪れ，そこで懸命に働く信者たちの奉仕の姿に感銘をうけた。そして，「宗教は人々の悩みを

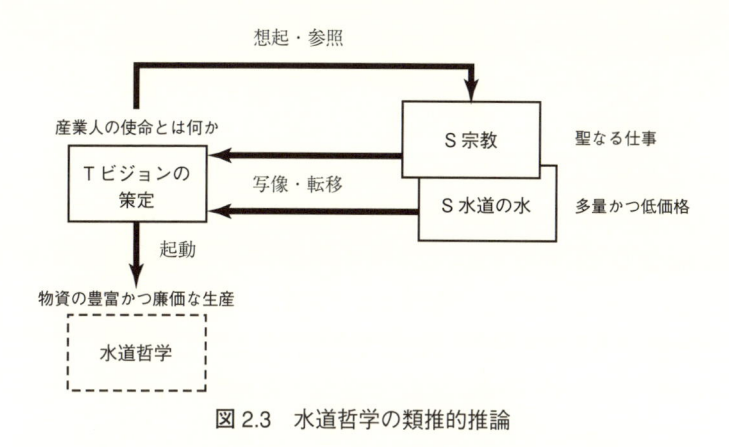

```
        想起・参照
産業人の使命とは何か  →  S 宗教      聖なる仕事
  ┌─────┐  ←───────
  │Tビジョン│   写像・転移
  │ の策定 │  ←  S 水道の水   多量かつ低価格
  └─────┘
      │ 起動
      ↓
物資の豊富かつ廉価な生産
  ┌─────┐
  │ 水道哲学 │
  └─────┘
```

図 2.3　水道哲学の類推的推論

救い，人生に幸福をもたらす聖なる仕事である。対して事業経営も人間生活に必要な物資を生産提供する聖なる仕事ではないか。そこに事業経営の真の使命があるはずだ」と悟った。

さらに松下は，1932年5月5日，大阪市堂島浜にある中央電気倶楽部に168名の社員を集め，会社の真の使命を明らかにした。すなわち，「産業人の使命は貧乏の克服である。そのためには，物資の生産に次ぐ生産をもって富を増大させなければならない。水道の水は加工され価あるものであるが，通行人がこれを飲んでもとがめられない。それは量が多く，価格があまりにも安いからである。産業人の使命も，水道の水のごとく物資を豊富にかつ廉価に生産提供することである。それによってこの世から貧乏を克服し，人々に幸福をもたらし，楽土を建設することができる。わが社の真の使命もまたそこにある」と。

図2.3に示されているように，松下は，会社がすすむべき道を模索し，「産業人の使命とは何か」を考えぬいた。つまり彼は経

営者として、会社のあるべき姿としてのビジョンをどうしたらよいか、というターゲットに直面した。そして、別に意図したわけではなかったものの、知人に連れられるまま宗教団体を訪れることとなり、そこで懸命に働く信者たちの姿にたまたま出くわし、心を打たれ、経営は宗教のように「聖なる仕事」である、という考えを抱くにいたった。まず彼は、ソースとして宗教を参照した。さらに彼は、聖なる仕事をどう実現していくかを考えた際、蛇口をひねれば水が無尽蔵に流れ出てくる水道の姿を想起し、これをもう1つのソースとした。このように複数のソースにもとづいて、水道の水は「多量かつ低価格」であるから、水道の水のように「物資の豊富かつ廉価な生産」を実現していくことで、人々を貧乏から救いたいと願い、水道哲学というビジョンが生まれたのだった。したがって、松下にとって経営とは、聖なる仕事であり水道の水でもあった。

ネオ・カーネギー学派と事例研究

このように、会社経営を考えるうえで類推的推論の方法は有用だと考えられる。このことに着目し、事例研究やシミュレーションにもとづいてこの方法を精緻化しようとしてきたのが、ネオ・カーネギー学派である。その名の通りネオ・カーネギー学派は、先に紹介したサイモンやマーチらによるカーネギー学派の考え方を踏襲し、これを発展させようとするものである。

カーネギー学派は、人間の限定合理性にもとづく満足化行動を前提として組織の意思決定プロセスを客観的に分析しようとした。これにたいしてネオ・カーネギー学派は、その精神を共有しつつ、近年の研究成果を取り入れた新しい組織の認知理論を志向

する。とくに，思考と習慣にもとづく意思決定にかかわる学習とルーティンの問題，実験と多様性の源泉としての**ルース・カップリング**（要素間のゆるい結合）の問題，個人行動にかんする組織のミクロ的基礎の問題，社会に埋め込まれたオープン・システム（開かれた系）としての組織の問題を扱う[16]。

さらにカーネギー学派は，人間が直面する具体的な問題・状況から組織を切り離し，その意思決定を客観的に分析するという厳密な科学を志向した。他方でネオ・カーネギー学派は，ハーバード的な事例研究の成果をも取り入れ，過去の事例を活用しながら，状況に埋め込まれた個人・組織の意思決定の質を高めるための方法を開発する。その際，人間がアナロジーを活用して，未知の状況，困難な問題に対処するための類推的推論のケイパビリティをいかに開発・蓄積できるかがカギとなる。そこで事例は，人々がアナロジーを引き出すために依存できるソースとなる。

ネオ・カーネギー学派のジョバンニ・ガベッティ（Giovanni Gavetti）とジャン・リブキン（Jan Rivkin）は，会社経営の文脈で類推的推論を有効に利用することで，他社の事例から多くの教訓をえることができると考え，そのためのプロセスを明らかにした[17]。すなわち，ターゲットの設定，ソースの選択，ターゲットとソースのあいだの類似性と差異性の理解，そしてソースの解の応用可能性の判断，といった4つのステップからなるプロセスである。

第1に，自社がどのような問題に直面しているか，というターゲットを明らかにすることである。会社が対応すべき問題を明らかにできなければ，その解決に向けた取り組みすらはじめることはできないだろう。ハイアールの張瑞敏CEOがかつて述べてい

たように,「問題を発見できないこと自体,最大の問題なのである」。この意味で,ターゲットの設定は本質的である。

第2に,ターゲットと類似していると思われるソースを1つ選び出すことである。ここでは,アナロジーを引き出したソースの環境と解,そしてこれらの関係を理解することが求められる。ここで大切なのは,なぜその解によってソースを解決できたのか,あるいは解決できなかったのか,を理解することである。その際,戦略経営論の分析枠組 —— 第4章で詳しく述べるように,たとえばファイブ・フォース・モデル,バリュー・チェーン(価値連鎖),VRIOフレームワークなど —— を活用できよう。

第3に,ターゲットとソースのあいだの類似性と差異性を理解することである。そして,両者が類似しているようにみえたとしても,この類似性が表層的なものでないことを確認せねばならない。表層的な類似性だけに目を取られていったん不適切なソースを選択してしまうと,実はそれが構造・関係の面でターゲットと本質的に類似していないにもかかわらず,アンカリングのために人々の脳にこびりついてしまうことが多々ある。さらに悪いことに,自分たちの考えに肯定的な情報ばかりを探索するあやまちをおかし,もっぱら正当化の根拠だけを求めるようになってしまうという確証バイアスの悪影響をうけてしまう。したがって,ターゲットとソースの差異性を意識的に理解するように努力せねばならない。

第4に,ソースの解がターゲットの解として採用できるかどうかを判断することである。他社の戦略をアナロジーとして利用したとしても,それを自社に特有の環境に適応させて修正していく必要があろう。

また，アナロジーのパワーを活用するためには，類推的推論のほかに論理的な演繹，試行錯誤的な帰納といった他の思考様式も習得する必要がある。会社ではこうした目的をはたすべく，高齢層の年功と若年層のフレキシビリティを組み合わせることができれば理想的だが，現実にはそううまくはいかない。結局，多くの会社ではフレキシビリティのほうが犠牲にされがちである[19]。つまり経営には，年功にもとづく持続とフレキシビリティにもとづく変化のバランスが求められるが，変化の源泉としてのフレキシビリティが犠牲になり，年功を重視することで，たとえ陳腐化していようと既存の仕組や旧来の物事が持続していくこととなる。

　既存の仕組の持続（秩序の維持）に偏りがちになるのは，もしかりに若年層から変化の芽が出てきても，守旧派の高齢層が組織のトップを占めているのであれば，彼らは人事にかかわる**インセンティブ・システム**（昇進や業績評価など動機づけのための体系）を牛耳っているため，変化の芽を早めに摘みとることができるからだと考えられる。したがって，たとえ変化が適切な動きとして求められていようとも，秩序の維持に水をさす動きを未然に食い止められる。それにより組織の意思決定を，過去から継承してきた方向へと一元化することができよう。彼らにしてみれば，秩序は神聖なもの ── 多大な時間・費用をかけて構築してきた死守すべき，継承すべきもの ── で，これにそぐわない新しい試みを企てようとする若年層には冷や飯を食わせればよい。こうした社会的排除の動きは，組織にたいする強烈なメッセージとなり，秩序からの逸脱が新たに生じるのを防ぐ。

　このことが実際にあてはまる真実だとすれば，どうやら守旧派の高齢層は，問題を発見できない，あるいは問題を発見しても目

をつぶる，という致命的な問題を抱えていることになる。つまり彼らの脳内には，秩序の維持しかないため，いかにして従来通りの物事を継続できるか，で埋め尽くされていることになろう。ターゲットの設定がそもそも間違っているからこそ，不適切な行動がもたらされてしまう。したがって，グローバル時代の劇的な環境変化によってかならずしも正しい方向とはみなされなくなった秩序にしたがって行動することは，思慮深さを欠いているように思われる。われわれに必要なのは，正しい方向を見極める思慮深さ，正しい方向へとすすむ真摯さなのである。

トーク・テーマ

- ♥日本的経営は，どのような背景で誕生したのか。そして日本の会社は，どのように変化してきたか。環境変化との関連で調べよう。
- ♥「たい焼」はメタファー，「たこ焼」はメトニミー，「やきとり」はシネクドキだといわれている（瀬戸賢一『メタファー思考――意味と認識の仕組』講談社，1995年）。では「原子力村」は，本文で紹介した比喩表現のどれにあたるか。さらに，さまざまな比喩表現の例をあげて議論しよう。

さらに深く学びたい人へ

- ★(1) 青木昌彦（瀧澤弘和・谷口和弘訳）『比較制度分析に向けて』NTT出版，2001年の第1章「制度とは何か――いかにアプローチすべきか」，(2) 青木昌彦（谷口和弘訳）『コーポレーションの進化多様性――集合認知・ガバナンス・制度』NTT出版，2011年の第4章「社会ゲームのルールの進化」を読んで，制度のとらえ方について議論しよう。
- ♠英語での学習に向けて（★の英語版）

(1) Masahiko Aoki (2001), *Toward a Comparative Institutional Analysis*. Cambridge, MA: MIT Press.

(2) Masahiko Aoki (2010), *Corporations in Evolving Diversity: Cognition, Governance, and Institutions*. New York: Oxford University Press.

参考文献

1 James March (1994), *A Primer on Decision Making: How Decisions Happen*. New York: Free Press.
2 Herbert Simon (1957), *Administrative Behavior: A Study of the Decision-Making Process in Administrative Organization*, 2nd *ed*. New York: Macmillan. (二村敏子・桑田耕太郎・高尾義明・西脇暢子・高柳美香訳『経営行動——経営組織における意思決定過程の研究』ダイヤモンド社, 2009年)。
3 John Groenewegen, Anton Spithoven, and Annette Van Den Berg (2010), *Institutional Economics: An Introduction*. New York: Palgrave Macmillan.
4 Masahiko Aoki (2001), *Toward a Comparative Institutional Analysis*. Cambridge, MA: MIT Press. (瀧澤弘和・谷口和弘訳『比較制度分析に向けて』NTT出版, 2001年)。Masahiko Aoki (2010), *Corporations in Evolving Diversity: Cognition, Governance, and Institutions*. New York: Oxford University Press. (谷口和弘訳『コーポレーションの進化多様性——集合認知・ガバナンス・制度』NTT出版, 2011年)。
5 Avner Greif (2006), *Institutions and the path to the Modern Economy: Lessons from Medieval Trade*. New York: Cambridge University Press. (岡崎哲二・神取道宏監訳『比較歴史制度分析』NTT出版, 2009年)。
6 図2.1は, Aoki (2010), p.69の図をもとに作成した。
7 http://news.nifty.com/cs/entame/musicdetail/mtv-20110926-19654/1.htm を参照。
8 Paul Thagard (1996), *Mind: Introduction to Cognitive Science*. Cambridge, MA: MIT Press. (松原仁監訳『マインド——認知科学入門』共立出版, 1999年)。
9 James Abegglen (1958), *The Japanese Factory: Aspects of Its Social Organization*. Glencoe, Ill: Free Press. (山岡洋一訳『日本の経営』日本経済新聞社, 2004年)。
10 Daniel Kahneman and Richard Thaler (2006), "Anomalies: Utility maximization and experienced utility," *Journal of Economic Perspectives*, 20, pp.221-234.

11 Daniel Kahneman (2002), "Autobiography," The Sveriges Riksbank Prize in Economic Sciences in Memory of Alfred Nobel 2002. http://www.nobelprize.org/nobel_prizes/economics/laureates/2002/kahneman.html

12 たとえば,広瀬隆・明石昇二郎 (2011)『原発の闇を暴く』集英社,および上杉隆・烏賀陽弘道 (2011)『報道災害［原発編］——事実を伝えないメディアの大罪』幻冬舎を参照。

13 Joseph Schumpeter (1934), *The Theory of Economic Development*. Cambridge, MA: Harvard University Press. (塩野谷祐一・中山伊知郎・東畑精一『経済発展の理論——企業者利潤・資本・信用・利子および景気の回転に関する一研究』岩波書店, 1977年)。

14 Albert Bandura (1977), *Social Learning Theory*. Englewood Cliffs, NJ: Prentice-Hall. (原野広太郎監訳『社会的学習理論——人間理解と教育の基礎』金子書房, 1979年)。

15 以下は, http://panasonic.co.jp/history/chronicle/1932-01.html と http://ascii.jp/elem/000/000/185/185587/index-2.html による。また以下の引用についても, これらに負う。

16 Giovanni Gavetti, Daniel Levinthal, and William Ocasio (2007), "Neo-Carnegie: The Carnegie School's Past, Present, and Reconstructing for the Future," *Organization Science*, 18, pp.523-536.

17 Giovanni Gavetti and Jan Rivkin (2005), "How Strategists Really Think: Tapping the Power of Analogy," *Harvard Business Review*, 83, pp.54 p.65.

18 Dan Lovallo, Carmina Clarke, and Colin Camerer (2012), "Robust Analogizing and the Outside View: Two Empirical Tests of Case-Based Decision Making," *Strategic Management Journal*, 33, pp. 496-512.

19 Giovanni Gavetti and Jan Rivkin (2008), "Seek Strategy the Right Way at the Right Time," *Harvard Business Review*, 86, pp.22-23.

第3章

企業・会社・コーポレーション

企業と会社の違い

　日本には，世界で注目をあびている企業が数多く存在する。たとえば，アメリカ・ニューヨークの自由の女神，イギリス・ロンドンの大英博物館，イタリア・ヴェニスのサン・マルコ広場，フランス・パリのエッフェル塔，中国・北京の紫禁城などの有名な観光スポットを訪れてみると，世界中からやってきた数多くの観光客を目にする。そこで注意してみると，彼らがもっているデジタルカメラのほとんどは，ニコン，キヤノン，ソニー，パナソニックなどの日本メーカーのものだということに気がつく。

　われわれは，これらのメーカーを企業とよぶこともあれば，会社とよぶこともある。企業と会社は同じものなのだろうか，それとも，両者のあいだには何らかの違いがあるのだろうか。従来，**会社**というものは，社会における価値創造をつうじて収益を実現する企業の組織形態（企業形態）の一種とみなされてきた。サイ

モン・ディーキン（Simon Deakin）が述べるように，経済組織としての**企業**は，それを創業者，経営者，投資家，労働者などから明確に切り離す法的形態を必要とし，こうした法的形態が会社ということになる[1]。つまり会社は，事業を実行することで収益をえる経済組織としての企業にとって，法で認められた利用可能な組織形態として理解できる。

ミクロ経済学における企業

当面は，企業と会社のこうした違いをふまえたうえで，とくに経済学において企業がどのように扱われてきたかを議論しよう。よく知られているように，経済学の分野は，企業，消費者などの経済主体による合理的行動とその結果を説明するミクロ経済学，および所得，投資，消費などに注目しながら国民経済における資源配分を扱うマクロ経済学に大別される。われわれの関心事である企業の意思決定・行動にかかわりをもつのは，もちろんミクロ経済学（新古典派や主流派とよばれるもので，以下では単に経済学とよぶ）のほうである。

一般的に経済学のテキストに登場するのは，利潤最大化を目的とした企業である。そこに，会社という言葉が登場することはほとんどない。さらに，市場には無数の企業が存在し，それらは厳しい競争を展開していると想定される。競争は，企業間で**超過利潤**（**レント**）を減らしながら均等化していく力をもち，望ましい資源配分をもたらす。経済学はこうした想定の下，市場での企業間競争がどのような結果をもたらすかを明らかにしていく。

詳しくいえば，経済学は，
(1) 企業が供給する財・サービスのあいだには違いがない（財・

サービスの同質性),
(2) 産業では無数の企業が競合し,無数の消費者が存在する(無数の経済主体),
(3) それぞれの企業は,価格をはじめ他の企業の行動にたいして何の影響も及ぼすことができない(プライス・テイカー[価格受容者]),
(4) 投資によって沈下してしまう埋没費用がゼロであり,自由な参入・退出が可能である(参入・退出の自由),
(5) どの経済主体もあらゆる情報をもっていて,それらのあいだには何の違いもない(完全・対称情報),

といった仮定を設ける。

　これら一連の仮定があてはまる状況は,**完全競争**とよばれる。それは,経済学者が描いた理想的な理論世界である。産業によっては,企業が1社しか存在しない独占,2社しか存在しない複占,少数しか存在しない寡占といった不完全競争の状況がみられる。不完全競争のほうが完全競争より現実世界を適切に近似している,と主張する者もいよう。だがまず,完全競争市場は経済システムの1つの理念型(理想的なモデル)として,資源配分の効率性を判断するためのベンチマーク(基準)の役割をはたすと理解しておこう。競争原理が貫徹した完全競争市場では,市場を利用するための取引費用は生じない。つまり,どの経済主体も完全な認知能力をもち,それぞれの目的を最大化するのに必要な情報を瞬時に収集し,これを処理することができる。要は,市場は何の摩擦もなくうまく機能する。

　結果的に,完全競争市場では望ましい資源配分状態がもたらされる。すなわち,ある経済主体の便益を高めようとするのであれ

ば，他の経済主体の便益を損なうことなしにはそれを実現できない，といったパレート最適な市場均衡がもたらされる。現実世界の企業は，市場競争の諸力にさらされている場合，差別化された財・サービスの生産・販売などをつうじて業界平均を上回る超過利潤をえようと必死にイノベーションに取り組む。

ロナルド・コース以前の経済学は，どのように企業が利潤を獲得しているかを含め，企業の戦略・組織・ガバナンスといった制度にかんする議論を十分に展開してこなかった。経済学者は，あくまで市場の働きに関心があったので，経営者の姿をみようとはせず，しかもそうした一連の制度にかかわる概念や分析道具をもたなかった。そのため，中身がよくわからないブラックボックスとしての企業を想定してきた。つまり経済学は，市場の働きを詳しく分析する代わりに，企業にまつわる制度について詳細な記述・分析を省略してきた。

経済学の代表的な分析道具は，**需要曲線**と**供給曲線**である。たとえば，電気を求める多数の消費者，電気を供給する多数の電力会社によって構成された市場を考えよう。需要曲線は，多数の消費者の需要を集計したものである。それぞれの価格水準に応じて，消費者が購入したいと思う電気の数量がどう変化するかを示している。価格が低くなれば，消費者はより多くの電気を購入しようとする。他方で供給曲線は，多数の電力会社の供給を集計したものである。電力会社がそれぞれの価格水準で生産したいと思う電気の数量を示している。価格が高くなれば，電力会社はより多くの電気を生産しようとする。

ここで，右下がりの需要曲線と右上がりの供給曲線が交差した均衡よりも低い価格水準を想定しよう。このとき，需要が供給を

上回っているため,価格は上がっていくと予想される。これにたいして,均衡よりも高い価格水準では,供給が需要を上回っているので,価格は下がっていくと予想される。結果的に市場のみえざる手によって,電力産業の価格と生産量は,需要と供給とが等しくなる均衡に収束することになる。つまり,この均衡で最適な価格,最適な生産量がそれぞれ決定される。

価格が上がると需要量が減るという法則は,**需要の法則**とよばれるが,価格が高いという事実そのものが高級感・高品質の指標となりうる財・サービスについては,この法則は成り立たない。たとえば,ガルフストリーム(Gulfstream)の自家用ジェット,ショーメ(Chaumet)の宝飾時計,ランボルギーニ(Lamborghini)のスポーツ・カーなどを想起しよう。にもかかわらず,一部の例外を除く標準的な財・サービスについては,需要の法則が成り立つことはよく知られている。

さらに,価格の上昇によって需要量がどう変化するかを示す感応度は,需要の価格弾力性とよばれる。消費者がある財・サービスにたいして強い選好をもつ場合,あるいはそれによく似た代替財がみつけにくい場合に,需要は非弾力的になると考えられる。他方,消費者がある製品にたいして強い選好をもたない場合,あるいは代替財が数多く存在している場合に,需要は弾力的になると予想される。

もちろん企業にとって,需要が非弾力的であることが望ましい。企業は,多額の広告宣伝費を投入することで製品・企業のブランディング(ブランド構築活動)を試みることがある。それによって,自社ブランドにたいする消費者の選好が強くなり,高い価格設定ができるようになると期待しているからである。たとえ

ば，シャネル（Chanel）を愛してやまない「シャネラー」のように，特定ブランドの製品に囲い込まれた消費者は，その価格が上がったからといって他のブランドになびくようなことはありえないという。

経済学において，企業は利潤最大化を目的に行動するとされる。**利潤**は，収入（価格×生産量＝売上高）から費用をさし引いたものである。製品の生産には，費用がかかる。たとえば，電気を生産する電力会社は，戦略の策定・実行を導く経営者，発電所で働く労働者にたいして報酬を支払わなければならない。石油，液体ガス，ウランなどの原料費を支払う必要もある。さらに，原発の建設に数千億円もの設備投資をする必要もある。費用は，生産量の多寡に関係なくかかる固定費用，生産量とともに変化する可変費用に大別される。固定費用は，原発の敷地・施設のように短期的に変更することができないものにかかる費用であるのにたいして，可変費用は，労働者の賃金，リース料などのように短期的に変更できる費用である。より正確には，利潤とは，収入から総費用（固定費用＋可変費用）をさし引いたものである。

また，電気を1単位生産するのにかかる費用は平均費用とよばれ，総費用を生産量で割ることで求められる。他方，現在の生産量に1単位ずつ追加するたびにかかる費用は**限界費用**とよばれ，生産をわずかに増やしたときの費用の増分を表す。そして，生産をわずかに増やしたときの収入の増分については，**限界収入**とよばれる。企業の目的関数である利潤が最大になるのは，追加的に1単位生産を増やしたときの収入の増分と費用の増分が一致したとき，すなわち限界費用と限界収入が等しくなるときである。

以上の話において，電力市場では完全競争が展開されると仮定

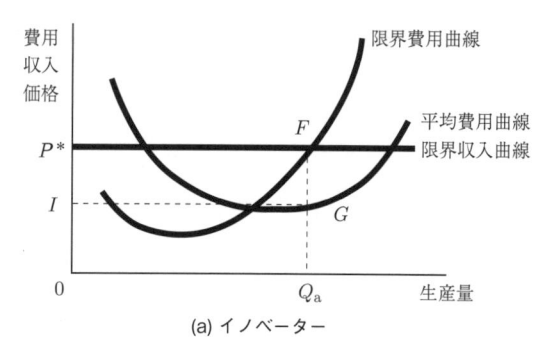

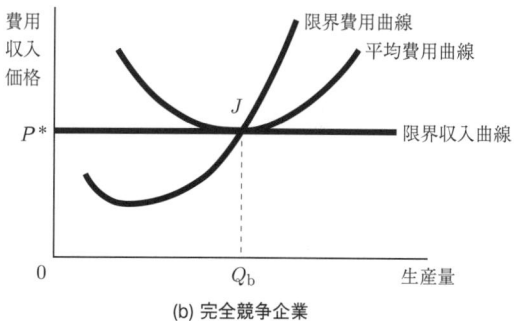

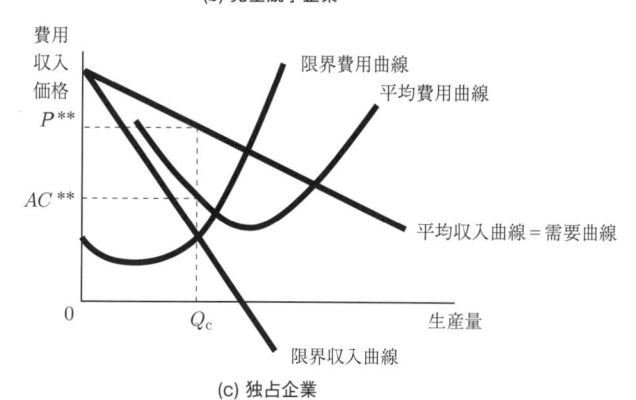

図 3.1 イノベーション，完全競争，独占

してきた。もちろん、これは日本の電力市場にはあてはまらない非現実的な仮定である。というのも、日本では、電力会社に地域独占が認められ、10地域それぞれについて1社の電力会社が電力供給を行ってきたからである。このような状況では、競争メカニズムがうまく機能しない。これにたいして完全競争の下では、電力会社は市場で決定された価格を受動的にうけいれるだけである。つまり、生産量を変更するなどして、価格を支配することはできない。こうしたプライス・テイカーの仮定により、生産量にかかわらず価格が一定になる。しかも、限界収入は価格と等しくなる。

図3.1(a)は、画期的な製品の開発・市場投入に成功したイノベーターだとしよう。そして、この電力会社は、安全性がきわめて高く、しかも大量に電力を生産できる新奇的な技術を市場に導入するというイノベーションに成功したとしよう。それは、市場で決定された価格P^*が限界費用曲線と等しくなる生産量Q_aを選択することで利潤を最大化できる。長方形P^*FGIは、電力市場の業界平均以上の超過利潤が発生していることを示す。これにたいして、図3.1(b)の完全競争企業は、他社と同じような非差別的な技術で電力を生産しているので、超過利潤をえることができないままである。

では、完全競争のケースとは異なり、1社の企業が産業全体の生産量を左右し、市場にたいする支配力をもつという独占のケースを考えよう。このケースでは、独占企業はもはやプライス・テイカーとはみなされない。これは、右下がりの需要曲線によって示される。図3.1(b)のような完全競争企業とは異なり、図3.1(c)のような独占企業は、利潤最大化の実現に向けて価格、生産

量のいずれかを固定できよう。すなわち,価格 $P**$,生産量 Q_c の水準で利潤最大化を実現できる。つまり,製品1単位あたり ($P**-AC**$)の超過利潤が生じる。これは,とくに**独占レント**とよぶべきもので,他社の自由な新規参入を阻止する**参入障壁**となりうる。参入障壁は,短期的には超過利潤をもたらす一方,長期的にはその持続を可能にするという点で,企業の収益性にとって重要なカギとなる[2]。前述したように,地域独占により特徴づけられる日本の電力産業は,こうした独占のケースにあてはまる。そこで以下では,日本の電力産業について説明しよう。

日本の電力産業の三種の神器と独占の弊害

日本の電力産業は,**地域独占,発送配電一体,総括原価主義**(総括原価方式ともよばれる)といった三種の神器とでもいうべき特徴をもつ[3]。そしてこれらの起源は,第2次世界大戦前の時代にさかのぼる。これらのなかでも,とくに地域独占,発送配電一体の源泉は,松永安左ヱ門が1928年に発表した「電力統制私見」という電力産業のビジョンに求められる。

松永は,東京電力の前身である東京電燈の競合だった東邦電力の社長をつとめ,「電力王」といわれるほどの強大な影響力を電力産業において手にした。そして戦後,電力産業の強固な基礎を確立するために強引な電力料金の値上げを主導し,社会から「電力の鬼」とよばれて厳しい批判をうけた。しかし彼は,日本の電力産業の確立を主導してきたという点において,カリスマ的リーダーとみなされよう。

松永は,電力会社間の過当競争を回避し,適正水準での電力供給,電気価格の低減を実現するため,全国9地域に存在する発送

配電一体の電力会社が各地域を独占すべきことを主張した。戦前，東京電燈，東邦電力，宇治川電気，大同電力，日本電力のあいだでくり広げられた「電力戦」とよばれた過当競争により疲弊した各電力会社は，適切な規模の利潤を安定的に獲得できるよう求めた。そして戦後，松永は戦前に提示したビジョンにもとづく電気事業再編成案を主張し，その実現に向けてGHQをはじめ関係者の説得に奔走した。その案には，給電地帯以外での電源保有を認めるという**凧揚げ地帯方式**も含まれた。結果的に1950年，電気事業再編成令，公益事業令の公布にいたり，彼の案は実現をみた。

だが実際，地域独占に特徴づけられた民営9電力体制が法で認められたのは，1964年の電気事業法によってである。厳密にいえば，アメリカ占領下で設立された琉球電力公社を前身とする沖縄電力が1988年10月に民営化されたことで，10電力会社からなる現在の地域独占体制は完成をみたのだった。

他方，電力産業の三種の神器の残り1つである総括原価主義の起源は，1933年に求められる。当初，政府が適正利潤の大きさを規制し，総括原価の回収が見込まれるよう電気料金を設定する費用積上方式が電気料金認可基準として採用された。しかし1960年には，費用積上方式に代わってレートベース方式の採用が決まった。この方式によれば，電気料金算定の基礎となる総括原価は，レートベース（建設中の発電所，核燃料などを含む電気事業に必要な固定資産）に一定の報酬率を乗じてえられる適正報酬に，適正原価（減価償却費，営業費用など）を加えた和として求められる。したがって電力会社には，レートベースを引き上げる効果をもつ原発を推進するという強いインセンティブが与えられ

た。

このように日本の電力産業は，地域独占，発送配電一体，（レートベース方式の）総括原価主義といった三種の神器を確立し，発展を遂げてきた。そして，日本経済の発展にとって不可欠な産業の血液とでもいうべき電力の安定供給という点で，重要な役割をはたしてきた。しかし，福島原発危機後の 2012 年 5 月に日本ではすべての原発が運転停止となった。その結果，電力不足の問題が議論された。たとえば政府は，関西電力管内において，電気事業法にもとづき契約電力 500 キロワット以上の大口需要家の使用最大電力に制約を設ける，という電力使用制限令を検討した。これにたいして，他地域への生産移管を検討しはじめた会社もあった。とくに，瞬停（1 秒未満のごく微量な単位での瞬間停電や電圧降下）によって深刻なダメージをうけかねない繊細な半導体や液晶などは，海外移転すら検討せねばならなかった。他方，停電にかんするリスク・マネジメントの観点から，工場では，停電時でも機械を作動し続けることを可能にする無停電電源装置などの需要が高まる。ポスト 3.11 時代に電力の安定供給が当然とみなされなければ，会社は安定したオペレーションを確保できるよう対処せねばならない。

そもそも，電力会社がもつ原発，送電線などの設備ゆえに，電力の生産規模が大きくなればなるほど平均費用が低下する。ある電力会社の管内に会社が新たに工場を建設したとしても，電力をつくり出す原発，送電のための電線などはすでに存在しているので，その電力会社は，ほとんど追加的に費用を負担することなく新工場への送電ができる。このように，生産量の増加により平均費用の低下が生じるという規模の経済が存在する場合，市場シェ

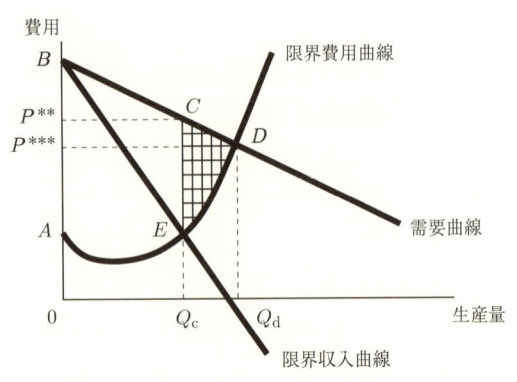

図 3.2 独占とデッド・ウェイト・ロス

アが大きければ平均費用がそれだけ小さくなり，価格を低い水準に設定できる。発電所，送電網など初期投資が大きく，生産が規模の経済をもつような電力産業では，1つの電力会社が（特定の地域の）需要を独占することで効率的な生産が実現できる。そのため理論的には，政府は（地域）独占を認めたほうがよいとみなされる。これは，自然独占とよばれる。しかし実際には，独占によって弊害がもたらされる[4]。

第1に，**デッド・ウェイト・ロス**（死荷重損失）の発生である。これは，図 3.2 の網の記された部分 CDE によって示される。電力会社が取引を行うことで享受する便益は生産者余剰，消費者が取引を行うことで享受する便益は消費者余剰，そしてこれらの和は社会的余剰とそれぞれよばれる。詳しくいえば，生産者余剰は，取引価格から限界費用を差し引いた差分となるのにたいして，消費者余剰は，支払意志額から取引価格を差し引いた差分となる。

電力会社は，利潤最大化を目的として行動するために，限界収入と限界費用が等しくなる生産量 Q_c を選択することになる。このとき，生産者余剰は $P^{**}AEC$ で囲まれた部分となるのにたいして，消費者余剰は $BP^{**}C$ で囲まれた部分となる。しかし問題は，この生産量が社会的余剰を最大化するものではない点である。電力会社は，生産量 Q_d を選択すれば社会的余剰を最大化できるものの，社会的にみて過少な生産量にとどめることによって会社のための利潤最大化を優先させる。このように，独占は社会的厚生の損失をもたらす。

第2に，独占の下では競争が働かないため，会社が無駄な費用を生み出すという**X非効率性**が生じうる。競合との厳しい競争がないために，新しい電源開発に向けたイノベーション，電気料金の引き下げなどにたいするインセンティブは働かない。そして，こうした企業努力を怠ったとしても，法・規制によって保護されているため市場から淘汰されることもない。さらに先に述べたように，無駄な設備投資を行ったとしても，それは総括原価主義によってレートベースに算入することができるうえ，独占企業にそもそも不要な広告費ですら「普及開発関係費」として適正原価に算入される。最終的にこうした無駄づかいですら，天下りをつうじて電力会社と親密な関係を構築してきた資源エネルギー庁が「適正」とみなしてきたといわれる[5]。とくに産業組織論とよばれる経済学の一分野では，競争をうまく機能させることで独占の弊害をなくす法・規制のあり方を問題にする。

競争のダイナミクス

ここで，また話を図3.1に戻そう。競争のダイナミクス（時間

をつうじた変化）を考えた場合，現時点の均衡価格 P^* は変化する。つまり，図 3.1 (a) のイノベーターを模倣することによって，その超過利潤を横取りしようとする競合がやがて出現する。法・規制で保護された日本の電力産業にこうしたダイナミクスを即座に期待することは難しいまでも，たとえば自動車産業では，グローバル時代に競合は新興国経済から突如として立ち現れるかもしれない。たとえば，インドのタタ・モーターズ（Tata Motors），中国の比亜迪汽車，ブラジルのシャモニー（Chamonix），ロシアのアフトワズ（AVTOVAZ）などを想像しよう。価格が平均費用よりも大きい場合には，競合の新規参入が誘発されるだろう。それにより，業界全体の供給は増えることになる。つまり，供給曲線は下方にシフトする結果，均衡も変化する。このとき，新しい均衡価格は P^* よりも低い水準へと下がってしまう。

新たに形成されたこの価格の下，既存の**ビジネス・モデル**（事業をつうじて利潤をえる仕組）を創造的に破壊する一方，革新的な製品，新奇的な組織の創造に成功したイノベーターは，平均費用を低下させることで超過利潤をえるだろう。すると，その模倣によって超過利潤を食いつぶそうとする新規参入企業が次々と登場することになろう。その結果，業界全体の供給量は増え，均衡はシフトする。企業間競争の発展によって，これら一連のことがくり返されよう[6]。

経済学によれば，企業は，限界費用と限界収入が等しくなるような生産量を選択することで利潤最大化を図る。利潤最大化をもたらす最適な生産量の下では，価格と限界費用が一致する。企業は，イノベーションによって超過利潤をえることができる。しかし，このように平均費用が均衡価格よりも小さくなっている状態

は，競合にたいして新規参入のインセンティブを与える。他方，企業が超過利潤にめぐまれない状態は，価格と平均費用が均等化する損益分岐点とみなされよう。

経済学は，無数の企業が展開する完全競争の世界を描いており，そこに登場するブラックボックスとして企業には，戦略，組織，ガバナンスといった制度はみあたらない。つまり企業は，プライス・テイカーとして市場で決まった価格に反応するだけ受動的な存在にすぎない。しかし，他社とは違う財・サービスを開発する，新奇的なビジネス・モデルを創造するなどのイノベーションを試みることで，超過利潤を獲得できよう。だが，それは同時に，潜在的な多数の競合にたいして新規参入のインセンティブをもたらすことを意味する。企業は，他社とは違う存在になるよう努力し続けることで，市場による同質化の圧力に対抗していかねばならない運命にある。つまり走り続けなければ，競合に追い越されてしまう（第4章で述べるように，このことはレッド・クイーン効果とよばれる）。

経済学は，企業にかんして現実世界とはかけ離れた非現実的な仮定を採用しつつも，市場が企業を同質化していくというシナリオをうまく描き出している。第4章で述べるように，戦略経営論の目的の1つは，完全競争市場のシナリオを1つのベンチマークとして，企業が際立つことによって市場による同質化の力と戦うための方法を考える点にある[7]。経済学が教えてくれるように，イノベーションに不可欠とされる異質な資源，新規参入を阻止する参入障壁は，企業が超過利潤を獲得し続けるためのカギとみなされる。

権限メカニズムとしての企業

　企業は，なぜ存在するのだろうか。R&D（研究開発），調達，製造，マーケティングなどのさまざまな活動（アクティビティ）をまとめていくというコーディネーションの機能は，一般的に企業の外部では価格をつうじて行われるのにたいして，企業の内部では経営者の権限によって行われる。ロナルド・コースが明らかにしたように，企業は**権限メカニズム**である[8]。価格メカニズムとしての市場，権限メカニズムとしての企業をそれぞれ利用するには，情報収集，契約の作成・実効化などにともない取引費用がかかる。企業は，取引費用節約という点で，市場にたいして比較優位もつ場合に存在することになろう。

　労働者は，企業とのあいだに雇用契約を結ぶ。そして，報酬を獲得するのと引き換えに，企業の化身である経営者による命令を契約の範囲内でうけいれる。つまり経営者は，契約の範囲内で労働者の行動を決定できる権限をもつ。しかし，すべての物事を契約に記すことは不可能であり，契約に織り込まれない問題が残される。つまり，**契約の不完備性**の問題が残される。

　オリバー・ハート（Oliver Hart）の不完備契約論は，まさにこの問題を扱う[9]。労働者がもつ人的資産は，労働者自体から切り離すことができない。こうした属人的な人的資産は，所有・譲渡の対象になりえない。したがって人的資産と，組み合わせることでより大きな価値創造につながる，すなわち補完的なパソコン・会議室・組立機械などの物的資産のコントロールをつうじて，労働者にたいして間接的に権限が行使される。不完備契約論によれば，企業は物的資産の集合体にすぎず，物的資産の所有者は，契

約の不完備性の問題にかんする意思決定を行える権利，すなわち**残余コントロール権**をもつ。

さらに，残余コントロール権をどう配分するかは，企業が生み出す利得の事後的な分配を左右するので，**関係特殊投資**（特定の企業との取引関係の下でしか大きな価値を生まない特殊資産の形成）を実行するインセンティブに影響が及ぶ。その結果，関係特殊投資が最適な水準を下回るという**ホールドアップ問題**が生じる。ホールドアップ問題は，重要な関係特殊投資を行っている主体に物的資産の所有権を配分することで解決できる。

これにたいして，企業は評判の担い手としてとらえられ，契約の不完備性の問題を解決するうえで，企業文化（組織文化）が重要な役割をはたすという考え方もある[10]。つまり，所有がすべてではないのだ，と。企業文化は，ある状況が生じた場合に企業がどう対応をすべきかを事前に労働者に示し，彼らにアイデンティティ（帰属意識）を与える。つまり，企業で働く人々がさまざまな均衡戦略をもつゲームにおいて，特定の均衡戦略を選ばせるフォーカル・ポイント（焦点）として機能する。つまり企業文化は，企業において世代間で継承されていく戦略選択の原理である。

コースも論じていたように，経営者は契約の範囲内で労働者の行動を決定できる権限をもつにすぎない。だが，なぜ経営者に権限が付与されるのだろうか。それは，経営者がもつ稀少な戦略経営のケイパビリティこそが，企業を企業たらしめているからである。経営者は，企業のあるべき将来像をビジョンとして提示し，その内部資源と外部環境の適合関係を把握し，どのような活動を実施するか，実施しないか，という企業境界を設定することに

よって，超過利潤を獲得していかねばならない。こうした企業境界にかんする戦略的意思決定をフォーカル・ポイントとして，人々の多様な活動，ひいては制度を整合的にまとめていく組織デザインは，現代企業の経営者にとって本質的な課題である[11]。この問題は，第5章で扱う。

ケイパビリティの集合体としての企業

　企業は，さまざまな資源によって構成される。企業がもつ資源は，投資家から調達する資金にはじまり，製品を生産するための技術・機械，経営者の経験，労働者が海外の取引先とやり取りする際の交渉力，企業文化など実に多様である。そもそも，資源の集合体として企業を捉えるという視点は，エディス・ペンローズ（Edith Penrose）に由来する。彼女は，企業家が長期的に利潤を増大させることを目的に，補完的な活動をコーディネートしうるような経営組織を生成するとともに，資源をうまく活動へと変換していくことが企業成長にとって重要だと考えていた[12]。

　企業が価値創造のために行うマーケティング，生産などの活動に必要とされる知識，スキル，経験といったものは，**ケイパビリティ**とよばれる[13]。企業は，ケイパビリティを用いて資源を活動に変換する。経済学では，どの企業がもつ資源・ケイパビリティも同質的であるうえ，直ちに用途を変更できる可塑性をもつとされてきた。その前提で，無数の企業が完全競争の状況で同質的な資源・ケイパビリティを用いて非差別的な財・サービスを生み出すことにより，限界費用と限界収入が等しくなる水準で生産量を決定する結果，ゼロ利潤に甘んじるという1つの可能世界を示した。

しかし現実世界をみてみると,たとえばホンダがもつ自動車生産のための資源・ケイパビリティは,明らかにアサヒビールがもつビール生産のための資源・ケイパビリティとは異なる。したがってホンダは,その気になれば明日からすぐにビール会社になれるわけではない。もちろん,原発志向型のビジネス・モデルをもつ電力会社にとって,明日から再生可能エネルギーを志向した経営へと即座に切り替えることも難しい。実際,ストレステストのために原発の運転停止を余儀なくされた電力会社は,収益の悪化を経験することになり,苦難のときを経験した。それぞれの企業がもつ資源・ケイパビリティは同質的でもなければ,可塑的でもないのであって,その開発・蓄積には多大な費用がかかる。

こうした性質に着目し,企業を**ケイパビリティの集合体**としてとらえたのが,リチャード・ラングロワ(Richard Langlois)とポール・ロバートソン(Paul Robertson)である[14]。彼らによれば,企業を構成するケイパビリティは,**本質的コア**と**補助的ケイパビリティ**にわけられる。本質的コアは,他のケイパビリティから切り離すことができず,しかも市場では購買できない。他方で補助的ケイパビリティは,市場で販売できる。

企業は,組織のさまざまな人々のインセンティブを整合化させるとともに,彼らのケイパビリティを適切な用途に配置すべくコーディネーションを実行している。その優位性は,原材料の調達から販売へと続いていく複数の生産段階を同時に変化させること(システム的変化)が必要とされる状況,および市場をつうじて必要なケイパビリティを安価に獲得できない状況で,必要なケイパビリティを適宜に再配置し創造できる点にある。

壁越えのためのダイナミック・ケイパビリティ

　企業を取り巻く環境は，たえまなく変化している。企業は，事前に予測することができない不確実性にたいしてフレキシブルに適応できる強みをもつ。契約に記すことができない環境変化への適応の仕方は，権限やケイパビリティにもとづいて事後的に決定される。ある意味，企業の存在理由は，不確実性にたいする適応の仕方を事前に知りえないことに求められる。今まさに環境変化を経験している企業にとって，どのような問題に直面しているのか，その解をどのように導いたらよいのかを，瞬間的かつ正確に把握するのはきわめて難しい。だが瞬間的にとはいかないまでも，せめて敏速に環境変化に対処し，変化を創造することはできよう。第4章で詳しく説明するように，そのためにはダイナミック・ケイパビリティが必要になる。

　企業は，組織の人々の認知をたよりに問題を明確にし，自社の過去のさまざまな経験，他社のさまざまな事例を参考にしながら，問題にたいする解を導いていかねばならない。その際，第2章で説明した類推的推論が力を発揮する。そして，こうした問題解決のプロセスを起動させるうえで，企業がもつ権限やケイパビリティが重要な役割をはたすのはいうまでもないが，変化に対処する**ダイナミック・ケイパビリティ**も重要な意味をもつ。つまり，権限にもとづいたトップの命令をひたすら待っていては，状況が悪化してしまうケースもありうるので，状況のなりゆきを現場で把握している人たちが指示待ちをせず，一刻も早い問題解決に向けて適切に判断を下し，機敏に行動するのが大切だということである。

いくらトップだからといって、こちらの期待通りに問題を正確に把握しているとは限らない。さらにそこへきて、現場の指示待ちが重なるとしたら、問題は放置されたまま深刻化していくだけだろう。したがって、さまざまな問題に敏速に対処せねばならないグローバル時代において、マニュアルや上司の指示がなければ動けない受動的な指示待ち人間はいらない。むしろ、上司の権限を越えてしまう「越権」、省庁の管轄、部門の境目、学問の境界を越えてしまう「越境」を志向し、思慮深い判断力と機敏な行動力でみえない壁を越えてしまう壁越え人間が、企業を含むさまざまな組織で求められる。そして、そうした壁越えに必要な能力こそ、ダイナミック・ケイパビリティにほかならない。

一般的に、多くの日本人は「わが国の一流企業だから」「わが国の政府だから」「わが国の首相だから」「東大卒だから」「お役人だから」「トップだから」などといった権威に弱いようである。しかしだからといって、正統性、肩書、学歴にめぐまれていることそれ自体が、問題を発見し、敏速かつ適切な仕方で問題を解決できる能力に直結しているわけではない。つまり、「ポジション＝（ダイナミック）ケイパビリティ」ということにはならない。そしてどの組織でも、ポジションを占め、さまざまなケイパビリティを体化しているのは、例外なく人間である。だが人間である以上、誰でも間違いをおかす。したがって、そうした人間が組織化する企業にせよ、政府にせよ、失敗をおかす可能性をはらんでいる。だからこそ、失敗にたいしていかに敏速に対処できるかを問わねばならない。会社・国・地球の持続可能性のためにも、そうした失敗の迅速な解決に取り組むだけでなく、それに類する問題の再発を防ぐことも求められる。そのためには、さまざ

劇的な環境変化への対処の難しさ ── 福島第一原発事故

　以下では，福島第一原発事故の事例に焦点をあて，政府，東京電力による初動対応の失敗についてふれておこう[15]。この事例が示すのは，劇的な環境変化に敏速に対処することの難しさである。まず2011年3月12日，菅直人首相は，ヘリコプターで原発のある福島県と東北地方の被災地を視察した。その日の午後，福島第一原発の1号機が水素爆発をおこし，その夜，遅ればせながら炉心冷却のための海水注入，さらに核分裂反応を抑制するためのホウ酸注入が行われた。13日，当の電力会社は，原子炉格納容器を冷却するために2トンにも及ぶ氷を埼玉県の製氷所から調達したという。そして14日には，3号機も水素爆発をおこし，2号機ではすべての燃料棒が露出する事態となった。しかもその夜，東京電力は，現場からの撤退を強く望むようになり，社長の名で撤退命令を出そうとしていたようである。これにいら立った菅首相は，東京電力本店にのりこんでいき，3月15日になってようやく対策統合本部が設置されるにいたった。そして3月17日に，自衛隊のCH-47ヘリコプター2機が容器をぶら下げ，上空から3号機に海水を4回にわたり投下した。さらにその日，地上からも消防車で放水を行うこととなり，警視庁に続き自衛隊がこれを試みた。

　他方で政府は，アメリカ政府から軍のヘリコプターの提供，原子炉冷却材の提供などを含む技術的支援の話があったにもかかわらず，東京電力が「自分のところでできる」と述べていたため，

諸外国の協力を不要と判断するにいたったのだという[16]。

東京電力は，1号機から4号機まで手に負えない深刻な状況に陥った3月16日，アメリカ国防総省に支援を要請することになったという。これにより，アメリカ海軍第7艦隊で原子力災害に対応できる専門家チーム，彼らがもつ装置が貸し出されることになった[17]。

他方，原発の建屋内部の状況などを把握したい日本政府からの要請をうけたアメリカ軍は，最新鋭の無人偵察機グローバルホークの投入を検討することになったという記事もある[18]。これに続いて3月17日に菅首相は，バラク・オバマ大統領と電話で協議を行った。オバマ大統領は，原発事故の対応でさらに専門家の派遣，中長期的協力など支援を行う用意があることを明らかにした[19]。さらに同日，国防総省のデーブ・ラパン副報道官は，日本政府にたいして核・細菌・化学物質対応の防護服100着を提供したことを明らかにした[20]。さらに3月19日，菅首相は自らジョン・ルース駐日大使によびかけ，首相官邸で行った会談において「国際社会に対し引き続き情報を隠すことなく共有していきたい」[21]と述べた。

東京電力にせよ，政府にせよ，敏速に原発事故に対処するのに必要なケイパビリティをもっていなかったのだろう。彼らにしてみれば，原発事故は意図せざる形で生じた想定外の出来事にすぎなかったのかもしれない。では，なぜ適切なタイミングでアメリカをはじめとした外部組織の支援をうけなかったのか。自分のところでできなければ，外部にたよるしかない。敏速な問題の発見・解決において，内部化か，アウトソーシングか，という適切な境界判断にも失敗したということだろう。そして政府・東京電

力は，秩序の維持という名目の下で適切な情報を適時に伝えなかった点で，国内外からの厳しい批判にさらされた。福島第一原発事故の事例は，原発事故の初動対応をあやまり事態を深刻化させてしまったという点で，政府の失敗，企業の失敗を表す。

ただし，大震災のような突然の劇的な環境変化をうけたからといって，平時に慣れきってしまった組織を危機時へと，認知・行動のスイッチを瞬時に切り替えるのは並大抵のことではない。このことは，福島第一原発事故から一般的な組織が学ぶべき教訓であり，電力会社，政府のみならず他組織にも広くあてはまる。しかし，劇的な環境変化がない状態が長期にわたって続き，秩序の維持が自己目的化している状況では，問題がないことが当たり前になってしまい，問題をすすんで発見しようとする営みは，組織にとって逆に不都合なものとみなされる。そして，個人が問題の発見・解決に取り組むインセンティブやケイパビリティは希薄化してしまう。

したがって，組織における突然変異の連鎖により内部から壁越え人間が数多く生み出されること，そして外部組織に散在するケイパビリティを敏速に動員することが，劇的な環境変化への対処には求められる。これらは，ダイナミック・ケイパビリティの問題だとみなされる。

会社とは何か

会社は英語で"company"というが，この言葉はもともと「一緒に」と「パン」という意味のラテン語に由来しており，共同で事業を実行し，一緒に食事をするといった意味合いをもつ。すでに述べたように，会社は，事業の実行により収益をえる経済組織

である企業にとって利用可能な法的形態である。とくに日本では，2006年に施行された会社法によってさまざまな会社のかたちが規定されている。

日本では，これまでばらばらになっていた会社関連の法律を統一し，環境変化に対応できるよう経営の選択肢を広げる目的で，**会社法**が2006年に施行された。それ以前の商法において，会社は，営利性（収益を目的に事業を営む），社団性（人々が構成する持続的組織），そして法人性（法で認められた権利・義務の主体）という特徴をもつとされてきた。だが注意せねばならないのは，法的には，会社は人々の持続的組織であると規定されていながら，実際には，出資者が1人の一人会社も認められてきた点である。

ただし，1人の個人が出資し，自らリスクを負担して事業を行う個人企業が最も基本的なかたちだとみなされる。しかし歴史において，株式会社というすぐれたかたちが発展することになった。日本での株式会社の発展について，司馬遼太郎の小説『竜馬がゆく』を読んで，亀山社中（1865年に小曾根乾堂が設立した軍事組織）が日本で最初の株式会社だと信じている人も多いようである。亀山社中の名前については，たとえば，以前のNHK大河ドラマ『龍馬伝』をつうじて知った人もいるかもしれない。

だが，これから述べる株式会社の特徴に照らしてみると，1873年に設立された第一国立銀行（みずほ銀行の前身）が日本で最初の株式会社ということになる。世界に目を向けてみれば，そもそも株式会社を設立するには，国王や議会が発行する特許状が必要とされた。しかし1844年，イギリスの登記法によって，法が規定する一定の条件を満たせば，自由に株式会社を設立できるとい

う**準則主義**が実現をみた。もちろん日本でも，会社のかたちは法と密接な関係をもつ。

植竹晃久慶應義塾大学名誉教授が述べるように，経営学の一分野である企業形態論は，会社はどのように進化してきたのか，会社にはどのようなかたちがあるのかといった問題を扱ってきた[22]。そして，**株式会社**の特徴を明らかにした。すなわち，(1) すべての出資者は，有限責任（出資額を限度とした責任）を負担する（有限責任負担の貫徹），(2) 永続的な会社が取引の評判・信用の担い手となる（物的会社），(3) 株主総会，取締役会などの会社機関によって会社の運営が行われる（会社機関の存在），(4) 均等に分割した株式（出資者としてのポジション）を市場において自由に譲渡できる（株式証券制），がそれである。

株式会社では有限責任負担が貫徹されているため，事実上，会社が行う事業にかんして究極的な責任を負う者はいないといってよいだろう。この意味で株式会社は，無責任を助長しかねない形態なのである。日本の会社法は，すべての株式会社に株主総会，および最低1人の取締役を設置することを規定した。しかし従来，株主総会という会社機関は，会社の経営をチェックするガバナンスの機能を有効にはたしてこなかった。無責任になりがちな株式会社のガバナンスは，法が改正された今もまだ問題含みのままだといえよう。

企業形態論は，株式会社は最高のかたちとみなし，会社が究極的に進化してたどりつくことになる終点（歴史の終わり）だと考えてきた。しかし，株式会社を含めて会社というものは，法によって規定されており，法改正によって大きく変化しうる。とくに日本では，会社法にもとづいて設立されたものでなければ，会

社法上は会社とは認められず、したがって会社としての表示も許されないことになっている。

株式会社が歴史の終わりではない証拠に、2006年に施行された会社法の下では、**合同会社**（出資を行い、有限責任しか負担せず、原則的に事業の経営を行う社員により構成される会社）という新しい形態が法認されるようになったのに加え、**合名会社**（出資を行い、無限責任を負担し、事業の経営を行う機能資本家により構成される会社［ゼネラル・パートナーシップ］）、**合資会社**（前述のような機能資本家と、出資を行い、有限責任しか負担せず、事業の経営を行わない無機能資本家により構成される会社［リミテッド・パートナーシップ］）、合同会社といった持分会社のあいだの組織変更、これら持分会社と株式会社のあいだの組織変更が認められるようになった。このように、会社法の変遷によって選択可能な会社のかたちが変わる以上、株式会社が歴史の終わりだとはいえないだろう[23]。

さきほど、コース流の権限メカニズムとしての企業観、ラングロワ・ロバートソン流のケイパビリティの集合体としての企業観について述べた。だが近年、経済学ではブラックボックスとしての企業観を否定しつつも、企業を市場としてとらえる企業観が主流となっている。こうした考え方は、一般的に契約理論とよばれる。契約理論によれば、経営者の権限は幻想にすぎないのであって、企業は市場と同じ契約形態の1つとみなされる[24]。さらに企業は、株主・消費者・経営者・労働者などの**ステイクホルダー**（利害関係者）間の複雑な契約関係を単純化するための擬制にすぎない。これでは、企業が選択できる会社のかたちも、そのルールである会社法も、すべて重要な意味をもたないことになる。

しかし実際，法で認められた会社というかたちは，経済組織としての企業組織にたいして基本的な構造を与える。会社は，重要な意味をもつ。とくに株式会社には，会社法により取締役会・監査役・委員会などの会社機関の設置についての規定がある。これらは，有効な会社経営を実現するのに不可欠なガバナンス・システムである。経営者は，法にしたがい何らかの企業形態を選択したうえで，いかなる事業を行うかというビジネス・ポートフォリオの選択，競合との競争の仕方などにかんする戦略の策定・実行を試みるだけでなく，従業員の業績評価，昇進などのインセンティブ・システム，情報・意思決定の分業を行うための組織形態などを創造する組織デザインをも試み，さまざまな領域に及ぶマルチタスク（複数の活動）を実行せねばならない。戦略の策定・実行については第4章，組織デザインについては第5章，コーポレート・ガバナンスについては第6章で，それぞれ詳しく論じる。

永続的な社団組織としてのコーポレーション

青木昌彦スタンフォード大学名誉教授は，コーポレート・ガバナンスについて理論的な基礎づけを与えた著書『現代の企業』（日本語訳，岩波書店，1984年）において，ステイクホルダー間の利益分配をめぐる交渉に着目し，新しい企業理論を展開した。その出版から25年あまりの年月をへて，著書『コーポレーションの進化多様性』（日本語訳，NTT出版，2011年）を発表し，永続的な社団組織としてのコーポレーションが世界で多様化し，進化していくダイナミクスを描き出した。つまり，企業から会社へ，さらにコーポレーションへ，という分析視点を提供してきた。

以下では，青木名誉教授の新しい研究成果に依拠しながら，コーポレーションについて簡潔に考えよう。すなわち**コーポレーション**とは，何らかの目的をもち，集団として活動する複数の人々によって構成された永続的な社団組織である。しかも，独自のアイデンティティをもち，独自のルールにもとづいて機能している。そのカテゴリーには，事業を営む会社だけでなく，教育・研究を行う大学，宗教の教義を広める教会も含まれる。

　コーポレーションは，寿命という制約をもつ個人では不可能なことを可能にする。集合認知は，個人では不可能だが集団として可能になる永続的な記憶，知識移転というコーポレーションの強みを表す。つまりコーポレーションは，人々に共有され，集団として生成する集合認知の組織化により，彼らの一体化に寄与する。彼らは，集合認知ゆえにまとまりをもつようになる。だが従来，"corporation"という言葉は，株式会社を連想させるのにとどまり，資本市場による経営者の規律づけ，株主価値最大化のためのインセンティブの付与や情報開示など，いわばファイナンスの側面にしか結びつけられてこなかった。

　株式会社という一種のコーポレーションでは，経営者が戦略策定のための情報処理・収集，その実行のために組織をデザインし，彼らと労働者のあいだ，労働者同士で多様な認知活動がくり広げられる。他方，彼らが集団として生み出した会社としてのパフォーマンスにかんして，株主は，株価をはじめとする財務情報を判断する認知活動を行い，経営者，労働者にたいして物的資産を供給する。

　集合認知のにない手は，経営者，労働者に二分される。そして，彼らが仕事を実行するのに必要で，しかも組織が生み出す利

益の分配という点で自分の取り分を左右する能力・属性は，認知資産とよばれる。経営者・労働者の認知資産，さらには投資家が供給する物的資産は，株式会社の価値創造において不可欠とされる。

　それでは，それぞれの資産は，会社にとってどれくらい不可欠とみなされるのだろうか。この尺度となりうるのが，**認知資産の不可欠性**という考え方である。つまり，「集合認知において XCA（X＝M ないし W）による協力が，YCA（Y≠X）と PCA にたいする使用コントロール権（集合認知にあたり物的資産の実際の使用の仕方を決定する権利）とのあいだに補完性が成り立つために欠かせないとすれば，XCA は不可欠である」[25] ということになる。

　会社は，社会に埋め込まれている。そうであるがゆえに，社会に散在している多様な資源・ケイパビリティを用いて価値創造を行うとともに，その成果を価値創造に貢献した社会の多様なステイクホルダーのあいだで分配せねばならない。そのために，人々の認知資産を組織化する集合認知システムとしての組織アーキテクチャだけでなく，会社における利益分配の基本ルールとしてのコーポレート・ガバナンスが共進化を遂げる。青木名誉教授は，認知資産の不可欠性という概念を提示し，社会における会社の働きを支えるこれら 2 つの制度の連結の仕方についての進化多様性を説明した。

トーク・テーマ

♥ コース以降，経済学者はブラックボックスとしての企業の内側をさ

ぐり，企業の性質についてさまざまな考え方を生み出してきた。そこで，リチャード・ネルソン（Richard Nelson）とシドニー・ウィンター（Sidney Winter）が示した企業観について調べてみよう。
- ♥株式会社，大学などの他に，現実世界にはどのようなコーポレーションが存在しているだろうか。例を挙げながら，そうしたコーポレーションの社会における役割，そして永続性が生じる仕組を議論しよう。

さらに深く学びたい人へ

★ロナルド・コース（宮沢健一・後藤晃・藤垣芳文訳）『企業・市場・法』東洋経済新報社，1992年の第2章を読んで，コースの企業観について議論しよう。

英語での学習に向けて（★の英語版）

Ronald Coase（1937, "The Nature of the Firm," *Economica*, 4, pp.386-405.

参考文献

1 Simon Deakin（2011），"The Juridical Nature of the Firm," mimeo. Centre for Business Research, University of Cambridge.
2 Paul Cashan（2009），*Economics, Strategy, and the Firm*. New York : Palgrave Macmillan.
3 以下については，谷口和弘（2012）『日本の資本主義とフクシマ ── 制度の失敗とダイナミック・ケイパビリティ』慶應義塾大学出版会による。
4 八田達夫（2008）『ミクロ経済学Ⅰ ── 市場の失敗と政府の失敗への対策』東洋経済新報社。
5 河野太郎（2011）「東北大震災から原発事故へ ── 三月二一日から四月三〇日」飯田哲也・佐藤栄佐久・河野太郎『「原子力ムラ」を超えて ── ポスト福島のエネルギー政策』NHK出版, pp.65-104。
6 Margaret Peteraf（1993），"The Cornerstones of Competitive Advantage : A Resource-Based View," *Strategic Management Journal*, 14, pp.179-191.
7 谷口和弘（2006a）『戦略の実学 ── 際立つ個人・際立つ企業』NTT出版。

8 Ronald Coase (1937), "The Nature of the Firm," *Economica*, 4, pp.386-405.（「企業の本質」宮沢健一・後藤晃・藤垣芳文訳『企業・市場・法』東洋経済新報社，1992 年に所収）。
9 Oliver Hart (1995), *Firms, Contracts, and Financial Structure*. New York : Oxford University Press.（鳥居昭夫訳『企業 契約 金融構造』慶應義塾大学出版会，2010 年）。
10 David Kreps (1990), "Corporate Culture and Economic Theory," in J. Alt and K. Shepsle *eds.*, *Perspectives on Positive Political Economy*. Cambridge : Cambridge University Press, pp.90-143. 企業は，共通目的の下で協力しあう複数の人々によって構成された 1 つの組織とみなされる。そのため，企業の文化は，組織文化とよんでもさしつかえない。組織文化については，本書第 5 章を参照。
11 谷口和弘（2006 b）『企業の境界と組織アーキテクチャ —— 企業制度論序説』NTT 出版。
12 Edith Penrose (1959), *The Theory of the Growth of the Firm*. Oxford : Basil Blackwell.（日髙千景訳『企業成長の理論』ダイヤモンド社，2010 年）。
13 George Richardson (1972), "The Organization of Industry," *Economic Journal*, 82, pp.883-896.
14 Richard Langlois and Paul Robertson (1995), *Firms, Markets, and Economic Change : A Dynamic Theory of Business Institutions*. New York : Routledge.（谷口和弘訳『企業制度の理論 —— ケイパビリティ・取引費用・企業境界』NTT 出版，2004 年）。
15 以下については，主に川村湊（2011）『福島原発人災記 —— 安全神話を煽った人々』現代書館，および週刊文春（2011）『東京電力の大罪』臨時増刊 7 月 27 日号に負う。
16 『読売新聞』(2011 年 3 月 18 日付夕刊)。
17 以上については，週刊文春（2011）による。
18 『日本経済新聞』(2011 年 3 月 17 日)。
19 『日本経済新聞』(2011 年 3 月 17 日夕刊)。
20 『日本経済新聞』(2011 年 3 月 18 日夕刊)。
21 『日本経済新聞』(2011 年 3 月 20 日：傍点著者)。
22 植竹晃久（1984）『企業形態論 —— 資本集中組織の研究』中央経済社。
23 谷口（2006 b）。
24 こうした見方については，たとえば Armen Alchian and Harold Demsetz (1972), "Production, Information Costs, and Economic Organization," *American Economic Review*, 62, pp.777-795，および Steven Cheung (1983), "The Contractual Nature of the Firm," *Journal of Law and Economics*, 26, pp.1-21 などを参照。
25 青木（2011, p.44：括弧内著者）。

第4章

戦略と環境

ビジョンとは何か

　会社の目的は，社会のための価値創造である。**価値創造**とは，もちろん利潤を獲得することではない。社会の人々の未充足のニーズを満たすことで彼らの生活をより豊かなものにしていくこと，あるいは世界を変えていけるような財・サービスを持続的に開発・提供していくことを意味する。そして会社は，人々が顧客として自社の財・サービスに魅力を感じ，その価格を積極的に支払ってもよいという意志，すなわち**支払意志額**を高めるよう仕向けなければならない。しかも，そうした支払意志額が財・サービスの生産にかかった費用を上回らなければ，会社は利潤を獲得できない。したがって財・サービスの魅力は，財・サービスの支払意志額（価値）を財・サービスの費用（価格）で除した値とみなされる。

　たとえば，残念ながら2011年10月5日にこの世を去ったス

ティーブ・ジョブズは，アップルという会社をつうじて革新的な製品の力で世界を変えてきた。たとえばiPodは，ハードディスクを搭載したデジタルオーディオプレーヤーである。この製品により，インターネット上のiTunes Storeというショップで必要なときに曲を購入でき，iTunesというソフトウェアで音楽編集が行えるようになり，ユーザの個人的なライブラリを簡単に携帯できるようになった。しかも，音楽をきくのにカセットテープ，MD，CDなどの媒体は不要になった。他方でiPadは，たとえば読書という世界を変えつつある。これまで人々は，紙という媒体に転写された情報をえるために本を買い，読書を楽しんできた。しかも，本をつくるための紙の原料である木材を確保するには森林伐採が不可欠で，それによって結果的に地球温暖化を悪化させかねない。iPadは，ペーパーレスな本を可能にすることで環境問題への対処に貢献するだけでなく，必要な本をダウンロードすれば，旅行に出かけても読みたい本を簡単に読むことができるようになるので，われわれの豊かな生活にも貢献しうる。

ところで，ジョブズの死をうけ，アメリカのバラク・オバマ大統領は，世界は偉大なビジョナリーを失った，と述べた。ビジョナリーとは，未来を見通せる人を表す。換言すると，未来図としてのビジョンを体現した人のことである。**ビジョン**というのは，とくに会社が将来的にどうなりたいかを表す理想像にほかならず，会社にすすむべき方向性を与えることで戦略のあり方を左右する[1]。一般的に，会社が顧客にどのような価値をどのように提供するかは，ミッションとよばれる。ビジョンにせよ，ミッションにせよ，企業が長期的にめざすべき方向性にかかわっており，両者のあいだには大きな差異がないように思われる。そこで本書

では，主にビジョンという言葉を用いる。

会社は，いざビジョンを明文化するという段になると，さまざまなステイクホルダーやさまざまな事柄に配慮しようとするあまり，焦点がぼやけてしまいあいまいな表現に終始しがちである。むしろ，とくに会社の従業員にとって，何をすべきかについての行動指針となるよう，すなわち彼らの認知・行動に直接うったえかけるよう，会社の将来的な理想像としてのビジョンを単純でわかりやすいスローガンへと結晶化しなければならない。

ここで，会社のHPをみてみよう。たとえばソニーは，「ネットワーク対応のコンスーマーエレクトロニクス，エンタテインメントおよびサービスを提供するグローバルなリーディングカンパニーとなる」[2] としていた。またユニクロ，セオリーで知られるファーストリテイリングは，「本当に良い服，今までにない新しい価値を持つ服を創造し，世界中のあらゆる人々に，良い服を着る喜び，幸せ，満足を提供します」[3] としていた。しかし，こうしたミッション・ステートメントは，組織の行動指針とするには長すぎるし，いろいろな事柄を詰め込んでいるため，内容も濃厚すぎるように思われる。そこで，内容を薄めて簡潔なスローガンに落とし込む作業が必要になる。そこで，あえて両社のスローガンを勝手につくれば，順に「グローバル・リーディングカンパニー」「世界中を幸せにする服」といった具合になるだろう。

個々の従業員がコンプライアンスを意識するとともに，スローガンからはずれた行動をとらない限り，会社が深刻な問題を引き起こすことは避けられるはずである。そして，1人1人がスローガンにもとづいて仕事を楽しめるようになれば，会社としてより活発な価値創造につながるのではないか。ただし，たとえば「世

界中を幸せにする服」といった壮大なスローガンを掲げるのはよいとしても，かけ声ばかりで実行をともなわず，せっかくの目標を画餅に終わらせてしまうのでは何の意味もない。ビジョンから戦略の策定へ，そしてその実行へというプロセスが大切なのである。

　たとえば，広く知られた基本的な話ではあるが，プロトタイプ（量産前の試作品）となるような自社の製品・サービスをつくり市場での販売計画を考えたら，即座に市場に投入し，顧客からのフィードバックをうけて製品・サービスの改良につとめるといった形で，**PDCAサイクル**を回していく必要がある。計画（Plan），実行（Do），評価（Check），改善（Action）の流れを意味するこのサイクルをすばやく回し，価値創造，価値獲得を実現するための仕組をつうじて，よりよいアイデア，よりよい財・サービスを実現し，顧客を満足させることができなければ，結果的に競合との戦いに敗れてしまうかもしれない。

　だがPDCAサイクルに依拠するだけで，劇的な環境変化のなかでの生き残りが保証されるわけではない。またビジョンは，戦略経営において重要な意味をもつとしても，さらに会社には，戦うための計画である戦略を策定し，戦略を実行していくための仕組づくりが求められる。またそれにとどまらず，劇的に変化する環境において，先制的に行動する，あるいは敏速に適応するうえで，従来の事業に適した既存の仕組とはまったく異なった事業に向けて新しい仕組が求められることもある。会社の成功は，戦略を実行するための仕組によって左右される。

戦略の性質

競争に勝つ

　日本史をさかのぼってみると，大化の改新は，646年に発布された改新の詔にもとづく制度改革として知られる。その中心人物の1人である中大兄皇子は，668年に即位して天智天皇となった。天智天皇は，近江で新しい政治体制を発足させた。しかし彼は，671年に崩御し，彼の弟である大海人皇子と彼の子である大友皇子との対立により，672年には壬申の乱が生じることとなった。実は，彼は生前，大友皇子を次の天皇にしたい，という意向をもっていた。そのため，天智天皇に政治的野心を疑われ，命を狙われることをおそれた大海人皇子は，出家を宣言して吉野の山奥に隠退することで，天智天皇を油断させたといわれる。ここで大海人皇子は，人目をまどわせ自らの存在を隠す術である遁甲を採用し，自分の身を危険から守ることで将来に備えたとみなされる。さらに彼は，朝廷や地方についての情報収集，その情報にもとづいて貴族，国司，豪族などにたいする政治活動も実行した。これらが功を奏し，大友皇子の自殺という結末をむかえ，大海人皇子は壬申の乱を制したのだった[4]。結果として，大海人皇子は遁甲という戦略によって，天皇の座をめぐる戦いにおいて敵の大友皇子に勝った。

　敵に勝つことこそ，戦略の本質にほかならない。元々，戦略という言葉は軍事用語であり，戦争に勝つための計画を意味する。しかし，われわれにとって関心があるのは，領土や権力をめぐる国や政治的リーダーのあいだの戦いではなく，あくまで財・サービスにたいする顧客の支持をめぐる会社間の戦い，すなわち競争

である。したがって，会社の経営者にとって，競争に勝つことが重要な意味をもつ。つまり，その敵である競合よりいかに多くの顧客を引きつけるかが大切なのである。その結果，自社の資源・ケイパビリティが競合の資源・ケイパビリティより相対的に大きな価値を生み出せれば，競合より高い収益を獲得できる可能性，すなわち競争優位が確立される。

戦略の階層性

さらに現代の会社は，多角化しているため複数の製品・地域を扱っていることが多く，会社全体の全社レベルだけでなく，個々の事業レベルにおいても競争に勝つ必要がある。つまり，戦略には階層性がある。簡単化していえば，会社には，組織全体を統括するトップ・マネジメントがおり，その下でさまざまな事業が展開される。これらの事業には，トップと現場をつなぐミドル・マネジメントが存在し，彼らが事業ごとの責任を負う。さらには，現場でのオペレーションの責任を負うのがロワー・マネジメントである。会社の頂点に全社的な責任を負うCEO・社長などがいる一方，彼らが策定した計画・目標を各事業におとしこんで，下位の事業単位で計画・目標を設定する部長・課長などがいる。そして，後者の計画・目標を実現できるよう，下位の職能単位で現場を管理する係長・主任などがいる。このように，戦略の階層性は組織の階層性と結びつく。

さらに戦略の階層性は，会社ごとの事業の構成，すなわちビジネス・ポートフォリオの違いを意味する。まず，どの市場に参入して事業を展開するかという全社戦略（企業戦略）が策定され，これを反映して，各事業においてどのように競争するか（事業戦略ないし競争戦略）が策定される。さらにこれをうけ，それぞれ

の職能単位で何をすべきか（機能戦略）が策定される。このように会社の戦略策定は，全社戦略，事業戦略，機能戦略といった階層性によって特徴づけられるとすれば，全社戦略による事業の選択が重要な意味をもつ。

たとえば，トヨタもホンダも日本を代表する自動車メーカーである。いずれもハイブリッド・カーの生産という点で競争を展開しているが，航空機事業についてはこの限りではない。ホンダは，1962年に創業者の本田宗一郎が航空機事業への参入を宣言し，2003年にHondaJetの開発に成功した。他方，トヨタは，三菱航空機に資本参加してはいるものの，航空機事業を営むことで独自の製品を発表してはいない。

さらにいえば，トヨタは1997年，低燃費エンジンと電気モーターを組み合わせたハイブリッド・カーであるプリウスを発売した。この成果は，ホンダのCVCCエンジンに匹敵する画期的な製品を求めていた奥田碩社長の強い意向をうけ，開発がすすめられてきたといわれる。これにたいして，環境にやさしい技術のお株をトヨタに奪われる形となったホンダの川本信彦社長は，机をけりとばすほど悔しがったそうである。

このように，日本の自動車産業のダイナミズム（動力）は，すぐれたケイパビリティをもつ企業間の競争によって生み出されてきたとみてよい。一般的にこのことは，**レッド・クイーン効果**とよばれる[5]。つまりどの企業も，競合より前を走りたければ，競合より積極的に効率性の改善に取り組み続けていかねばならない。その結果，組織学習につながると同時に，市場での相互作用をつうじて競合の組織学習を促進することにもなる。かくして競争は，競合より前にすすもうとして互いに競い合う企業同士の共

進化という効果をもたらす。

　したがって，トップ・マネジメントは会社の戦略を策定する際，全社戦略・事業戦略・機能戦略のあいだの適合だけでなく，会社の顧客・競合などに関連する外部環境と，会社の内部に蓄積された資源・ケイパビリティといった内部環境との適合にも注意を向けなければならない。それによって，顧客満足につながるさまざまな活動を適合させるという点で，競合よりすぐれたパフォーマンスを実現した結果，高い収益を実現していかなければならない。これら一連の適合を実現することで競争優位を確立していく営みは，戦略経営とよばれる。したがって経営者には，戦略経営を実行するための仕組づくりが求められる。

ビジネス・モデルとは何か

価値創造と価値獲得に向けて

　会社は，しばしばゴーイング・コンサーン（継続事業体）とよばれることがあるように，財・サービスの開発・生産・販売といった一連の活動を持続できるよう，収益をえていかねばならない。そのためには，競合よりも有効に特定の顧客にたいして財・サービスを供給することで収益をえる仕組が必要である。すなわち会社は，顧客の支払意志額を高める**価値創造**に取り組むとともに，その成果として収益をえるという**価値獲得**のためにビジネス・モデルをつくる必要がある。どの顧客を対象にするか，彼らがどのような問題を抱えているか，彼らに財・サービスを販売することで費用を上回る収益をえるにはどうすればよいか，など。ビジネス・モデルは，これら一連の問題に対処するためのものである。もちろん，ターゲット顧客を明確にした簡潔で持続性のあ

るビジネス・モデルが求められる。

ビジネス・モデルの意味

以下では、より詳しくビジネス・モデルについてみてみよう。クリストフ・ゾット（Christoph Zott）とラファエル・アミット（Raphael Amit）によれば、ビジネス・モデルは、さまざまな活動の集合体で、特定の企業のなかで完結しているかもしれないし、提携企業・サプライヤー・顧客などとの協力をつうじて特定の企業の境界を超えているかもしれない。ビジネス・モデルをつくることは、新たに事業を立ち上げた起業家にとって重要な課題であるだけでなく、古いモデルを将来に向けて適合させようとする既存企業の経営者にとっても決定的な意味をもつ[6]。

他方、デビッド・ティース（David Teece）によれば、ビジネス・モデルは、企業が価値を創造しそれを顧客に提供し、顧客からの支払を利潤へと変換する仕方を表す。したがって、価値創造・価値獲得にかかわる仕組がビジネス・モデルである。さらにティースによれば、経営者が適切なビジネス・モデルを設計するには、以下の6つの事柄が求められる。すなわち、顧客ニーズを深く理解すること、複数の選択肢を考慮すること、コスト効率的かつタイミングよく顧客ニーズにこたえる仕方を理解するために**バリュー・チェーン**（価値連鎖）を分析すること、アウトソーシングの決定にあたり比較効率を重視すること、人の話をよくきくこと、そしてすばやく学習することである[7]。

ビジネス・モデルをつくる

ビジネス・モデルをつくるうえで、他社にせよ他業界にせよ、既存のビジネス・モデルからヒントをえることは可能である。ここで想起してほしいのが、第2章で述べた類推的推論の方法論で

ある。簡単にいえば，過去の事例を参考にして新しい何かを生み出すというメンタル・シミュレーションの方法である。たとえば回転寿司のルーツは，1958年に東大阪市で開店した元祖廻る元禄寿司にさかのぼる。その創業者だった白石義明は，ビール工場で使われているベルトコンベアにヒントをえて旋回式食事台を開発し，高級な寿司を大衆化することに貢献した。他方，今や世界で導入が図られてきた**トヨタ生産方式**（ムダをはぶいたジャスト・イン・タイムの生産方式）は，その開発に貢献した大野耐一が1950年代，アメリカのピグリーウィグリー（Piggly Wiggly）というスーパーマーケットを訪れた際，必要なものを必要なときに必要なだけ手に入れるというスーパーマーケット方式にヒントをえてつくられたといわれる。

新しいビジネス・モデルをつくるうえで，自分が解こうとしている問題（ターゲット）とは一見無関係にみえる物事（ソース）を参考に，そうした物事を問題解決やイノベーションにつなげていけるだけのたくましい想像力が重要な意味をもつ。そして，いくつかのパターンを認識しておく必要もあろう。こうしたパターン認識についていえば，本体製品，補完製品といった2つの製品タイプと，現在，将来といった2つの収益をえるタイミングとを組み合わせることで，4つのビジネス・モデルが考えられる[8]。

第1に，本体製品と現在の収益を組み合わせたパターンである。これは，デジタルカメラ，薄型テレビなど価格をめぐって熾烈な競争が展開され，製品が同質化するというコモディティ化の現象に特徴づけられる業界に確認されるビジネス・モデルである。

第2に，補完製品と現在の収益を組み合わせたパターンであ

る。任天堂のWiiやソニー・コンピュータ・エンタテインメントのプレイステーションなどのゲーム機（本体製品）の価格については，相対的に買いやすいように設定し，これにたいしてゲームソフト（補完製品）の価格については，ユーザが数本のゲームソフトを購入した場合に企業が収益をえられるように設定する。このビジネス・モデルは，ユーザがゲーム機だけを購入してもゲームができないので意味がなく，ゲーム機といくつかのゲームソフトを組み合わせて購入することを前提としている。

第3に，本体製品と将来の収益を組み合わせたパターンである。たとえば従来，マイクロソフト（Microsoft）やアドビ（Adobe）などに代表されるように，ソフトウェア業界では，ソフトウェアのバージョンアップを前提としたビジネス・モデルを採用することで，同じ会社の製品を使い続けるようユーザを囲い込んできた。いったん自社製品を購入した顧客が将来も顧客であり続けるよう，顧客が他社の代替製品にのりかえる費用（スイッチング費用）を高くする一方，自社製品を購入し続ける便益を大きくする工夫が必要になろう。

そして第4に，補完製品と将来の収益を組み合わせたパターンである。その典型例は，**レザー・ブレード・モデル**（剃刀・替刃モデル）である。さらに，このビジネス・モデルは，T字型替刃式安全剃刀を発明したキング・ジレット（King Gillette）の名前にちなんでジレット・モデルとよばれることもある。剃刀の本体の価格を低めに設定し，他社の剃刀と互換性をもたない自社製品専用の替刃の価格を高めに設定して収益をえるという仕組である。剃刀の販売によって，将来的に替刃の消費が見込まれることを前提としたビジネス・モデルである。こうした仕組は，キヤノ

ン，HP，エプソンなどのプリンタメーカー，さらには GE アビエーション（GE-Aviation），プラット・アンド・ホイットニー（Pratt & Whitney）などの商業用飛行機の航空機用エンジン・メーカーに代表されるが，プリンタやエンジンといった本体を販売してしまえば，将来的にインク・カートリッジや部品・メンテナンスサービスといった補完製品が消費されることで収益がえられる。

　たとえばプリンタメーカーは，その収益性をインク・カートリッジの将来的な市場需要の多寡によって左右される。したがって，将来的な市場需要ひいては収益を確保すべく，インク・カートリッジ市場への新規参入を阻止せねばならない。だが，防御行為が過剰になる（たとえば，抱き合わせ販売を行う）と，独占禁止法違反に問われてしまうおそれがある。実際，キヤノンは 2011 年 11 月，インクジェット・プリンタで互換インク・カートリッジを利用できなくするような技術を採用したため，互換インク・カートリッジの販売元のプレジール，製造元のエステー産業によって独占禁止法違反で提訴された。キヤノンは，2011 年 3 月以降に発売した 326 系のプリンタ機種において，受光部に搭載した赤外線フィルターによって，互換インク・カートリッジに使用された赤外線 LED の赤外線の検出を不可能にした。それにより互換インク・カートリッジを販売することができなくなった 2 社には，不利益が生じることになった[9]。会社にとって，価値獲得のために独占禁止法に抵触するのはけっして望ましいことではなく，ブランド・知的財産権などの**隔離メカニズム**（超過利潤の消失を防ぐ仕組）を確立することによって，競合を合法的に排除していかねばならない。

こうしたビジネス・モデルの分類法は，あくまで一例にすぎない。注意しておかねばならないのは，自社が競合との差別化を図り，違った存在になるうえで，製品よりビジネス・モデルが重要な意味をもつ。というのも，とくにプロダクト・ライフ・サイクルが短期化しているコンシューマ・エレクトロニクスの分野に代表されるように，新製品が市場に投入されるとまたたくまに類似品が出現し，製品間の差別化が困難となるという**コモディティ化**の傾向が確認されるからである。コモディティ化は，企業の製品を同質化し，どの企業にとっても価値獲得を困難にしてしまう。

日本企業の問題

　多くの日本企業は，細やかな顧客ニーズを反映した製品を開発し，すぐれた品質の製品をつうじて収益をえる仕組をつくってきた。しかし，グローバル競争に直面し，BRICsなどの新興国経済から品質をおさえた低価格の代替製品などを開発した競合——たとえば，ナノ（nano）を開発したインドのタタ・モーターズ，QQを開発した中国の奇瑞など——が出現してきたことで，競争のランドスケープは大きく変化しうる。しかも，時間をつうじてそうした競合のケイパビリティは成長し，顧客ニーズを満たせるほどの水準に到達しうる。そして多くの日本企業は，単に過剰品質の製品を高価格で販売する企業に成り下がってしまう。こうした状況は，クレイトン・クリステンセン（Clayton Christensen）のいう**イノベーションのジレンマ**である[10]。

　しかし日本企業の場合，製品にたいして多くの機能を求める代わりに高い価格を支払ってもよいという国内の消費者をターゲットにしている限り，過剰品質，高価格という製品特性はこれまで問題にされなかった。とくに，日本の携帯電話市場をみればわか

るように，たとえばおサイフケータイ，ワンセグ，防水機能などの多様な機能を装備したケータイは，「ガラケー」（ガラパゴスケータイの略）とよばれるようになったものの，いまだ日本の国内市場では通用する。しかし，グローバル市場では通用しない。というのも，日本の携帯電話は，シンプルな機能，低価格というグローバル市場での顧客ニーズとはかけ離れた製品だからである。結局，日本企業のガラパゴス化とは，企業が国内市場にひきこもり局所最適（限られた狭い範囲のなかで最も適したある解にたどりつくこと）による自己満足に陥り，さらに局所へと向かっていく内向き志向を表すのだろう。

　製品はもとより，ビジネス・モデルを構成する個々の活動も，時間をつうじて競合にとって模倣できるようになっていく。しかし，ビジネス・モデルという全体的なシステムは，単一の活動，単一の製品よりも模倣困難だとみなされる。現代の会社は，さまざまな活動を特定のベクトルに向けて整合的に組み合わせることによりビジネス・モデルを模倣困難にしていけば，それだけ価値獲得をうまく続けられるように思われる。だが，多くの日本企業がグローバル時代の環境変化に積極的に目をそむけ，局所最適に陥るというガラパゴス化は，ビジネス・モデルの陳腐化にかかわる問題である。それは，将来的な事業機会の損失を意味するだけでなく，長期的には日本という国の経済力を侵食していくことにもなろう。この点で，競争に勝つための戦略的思考は，会社だけでなく国にも求められる。

他とは違う際立った存在になる

　会社が自己満足に陥り，市場での競合との厳しい競争に敗れた

結果,倒産(破綻)してしまうと,会社で働く人々は職を失うことになってしまう。一般的に日本社会で**倒産**というと,手形不渡りを2回出したことによる銀行取引停止処分,ないし裁判所への法的整理手続の申請を意味するが,もし会社が自己満足に陥ることなく,競合との競争に勝ち続けていけば,そうした深刻な事態を回避できたはずである。

他方,国についていえば,財政破綻(デフォルト)に陥った状態である。その政府は,金融市場によって信用されなくなり,国債価格が暴落し,公務員の人件費や国債の利子などの支払ができなくなってしまう。その結果,本来は存続できるはずの会社すらも倒産においこまれかねない。たとえば,2010年のギリシャ危機をみればわかるように,全ギリシャ社会主義運動の新政権下で旧政権の新民主主義党が財政赤字を隠蔽していたことが露呈し,この国の放漫な財政運営,統計の信頼性が市場で問題視された。しかも,ストライキをつうじた公務員人件費の高さ,大きな年金負担,脱税などの経済問題を慢性的に抱えるギリシャ経済では,減税と公共事業の拡大を紙幣発行によって補塡するという不適切な政策運営が続けられてきた。この事例は,政府が信用を失うことで,国民経済が機能不全に陥り,それが世界経済にまでも影響しうることを示す。

では,会社が競争に勝ち存続していくには,あるいは政府が効率的な政策運営により存続していくには,どうすればよいだろうか。これは,持続可能性にかかわる問題である。この問題を前に頭を抱えている経営者・官僚・政治家にとって,戦略経営論はさまざまな示唆を与えてくれるはずである。まず,組織が将来的にどうなりたいかを表すビジョンは,あいまいで粗すぎるかもしれ

ないが，組織で働く人々にたいしてすすむべき方向性を与えるという点で，戦略経営の基礎となりうる。とはいえビジョンは，競争に勝つという視点，そして勝たねばならない相手は，外部の競合に限定されるわけではないという視点を欠く。

　たとえば，「地球上で最もお客様を大切にする企業であること」というアマゾン（Amazon）のビジョンは，バーンズ・アンド・ノーブル（Barnes & Noble）など書籍を扱う競合の行動にどのように対処するかを示していない。さらにいえば，価値創造，価値獲得について何も語ってはいない。他方，価値創造・価値獲得の仕組であるビジネス・モデルには，競合が模倣できる観察可能な要素・活動が含まれる。しかし，複数の要素・活動を組み合わせ互いに整合化していくことが，競合との差別化を実現するうえで必要となろう。

　戦略の本質は，競争に勝つことだと述べた。しかし，複数の会社が市場で展開する競争は，たとえばサッカーや陸上競技などのスポーツの試合とは違い，対戦相手より多くの得点をとるよう競い合うとか，ゴールにたどりつく時間を競い合うといった類のゲームではない。こうしたゲームは，見た目に勝負の白黒がはっきりつけられることが多い。むしろ会社間の競争は，他とは違った際立った存在になることで，できるだけターゲット顧客にとっての魅力を高めることを競い合うゲームなのである。

　個人にせよ，会社にせよ，全知全能ではないので，あらゆる活動を行うのに必要なあらゆる種類の資源・ケイパビリティをもたない。グローバル企業のトヨタですら，その製品ラインに含まれるハイブリッド・カーにかんして，これをつくるのに必要な車体の金属，自動車部品を運ぶための鉄道・タンカーなどの生産に必

要なすべての資源・ケイパビリティをもたず、他社が供給する製品・サービスに依存している。あるいは、何でも自分でやらなければ気がすまないビジネス・パーソンがいるとしても、その人が通勤に必要な電車、会社で着用するスーツ、書類をつくるためのPCなどのすべてを自分で生産できるというのは、非現実的な話であり、少なからず他の経済主体が供給する財・サービスに依存せざるをえない。

したがって、限られた資源・ケイパビリティを前提にすれば、こうした主体は、他とは違った際立った存在になるために、何をするか、何をしないか、といった意思決定をせねばならない。とくに会社の場合、どの事業を行い、どの事業を行わないか、といった企業境界の選択を行ったうえで、どの顧客をターゲットにするかを決め、競合より魅力的な財・サービスを提供することが求められる。したがって価値創造とは、ターゲット顧客に提供する財・サービスの魅力を高めることといいかえられる。戦略は、そのための計画である。

戦略経営論の5つの考え方

以下では、会社や政府などの組織はもとより、それを支える個人にとっても有用と思われる戦略経営論の考え方——ポジショニング論、資源ベース論、ゲーム理論、ブルー・オーシャン戦略、そしてダイナミック・ケイパビリティ・フレームワーク——を紹介しよう。複雑な現象を細かく切りわけて単純化することで、切りわけられた部分を深く理解し、部分と部分の関係性に注目して全体を把握しようという分析の方法は、とりわけ多様な組織やそれを取り巻く環境を理解したいと願う人々にとって一助となる。

しかし分析は，戦略の策定・実行を導く立場にある人々にとって，あくまで出発点を提供するにすぎない。分析によってえた知見を用いて，実際にどのような戦略を策定・実行していけるかがより重要なのである。

ポジショニング論と基本戦略

競争とポジショニング

まず，マイケル・ポーター（Michael Porter）の**ポジショニング論**[11] からはじめよう。**ポジショニング**とは，企業が当該産業で競合と競争する際に相対的に有利な位置取りをすることである。産業というのは，相互に代替可能な財・サービスを供給する複数の企業からなるグループである。たとえば，日本の自動車メーカーとしてトヨタ，ホンダ，日産，三菱，マツダなどの会社が知られており，これらが自動車産業を形成し，そこで競争を展開している。しかし今日，グローバル時代をむかえた日本の自動車市場には，BMW, GM，現代，ルノー（Renault）など数多くの海外メーカーも参入している。

第3章でもみたように，ミクロ経済学によれば，企業による新規参入が続いて完全競争の状態に近づいていけば，やがて社会的に望ましい安定した資源配分の状態，すなわちパレート最適な市場均衡がもたらされる。これにたいして，市場において競争企業の数が少なくなれば，生き残った企業にとっては価格を支配するのが容易になっていく。そのため，企業の視点からすれば，いかに市場を独占できるかが，価値獲得を実現するための課題となる。他方，消費者の視点からすれば，独占は財・サービスの選択機会が限られ，高い価格での購入を余儀なくされるため，社会的

には望ましいものではない（第3章の図 3.2 を参照）。

ファイブ・フォース・モデル

ポジショニング論は，会社による競争への対応に着目した競争戦略論である。そして，産業組織論の一潮流である SCP パラダイムにもとづく。**SCP パラダイム**は，市場の構造（S: Structure）が市場における企業の行動（C: Conduct）を左右する結果，市場における資源配分の成果（P: Performance）を決定づけるという構造決定論である。すなわち，当該産業に何社の企業が存在しているか，企業が生み出す財・サービスが差別化されているか，あるいは当該産業に新規参入の可能性があるか，などといった構造にかかわる要因は，企業の行動・収益に影響を及ぼし，ひいては経済の成果にも影響を及ぼす。

SCP パラダイムによれば，特定の企業が高い収益をえることは，社会的に望ましいことではない。というのも，高い収益の背後に構造的な障壁が存在するからである。そこで，独占禁止法や規制などの適用によって構造的な障壁をなくし，歪んだ資源配分を是正しなければならない。これとは対照的に，企業の経営者は，いかに大きな収益をえるか，いかにして業績を向上させるか，を課題として日々努力している。ポジショニング論は，そうした経営上のニーズを満たすべく，構造的な障壁を経営的には望ましいものとみなし，高い収益を実現するための1つの方法論として位置づけられる。

ポジショニング論の**ファイブ・フォース・モデル**は，産業における競争のあり方，企業の収益を左右するファイブ・フォース（5つの競争要因）── 新規参入の脅威，業者間の敵対関係，代替製品・サービスの脅威，買手の交渉力，そして売手の交渉力 ──

を明らかにする。経営者は，これらを勘案し，競合との競争に勝ち，高い収益を実現するにはどうすればよいか，という戦略の策定に取り組む。戦略を策定する際，企業とそれを取り巻く外部環境との関係を理解せねばならない。

ポジショニング論は，外部環境を重視し，競合が収益を奪うのを妨げる構造的な障壁に注意を払う。経営者は，収益をえるために構造的な障壁のある魅力的なポジションを探索する，あるいは現在のポジションをより魅力的なものにする必要がある。ただし，競争要因を適切に把握しなければ，競争からの防御を図る，あるいは競争要因を有利に左右できるポジショニングを実現できない。

第1に，新規参入の脅威として，たとえば巨額の設備投資が挙げられる。また，規制も参入障壁となる。巨額の設備投資，規制などの参入障壁が高ければ，それだけ新規参入の脅威が弱められる。新規参入を妨げられれば，競争が激化することもなく他社に収益を奪われずにすむことになろう。

第2に，産業における企業間の敵対関係は，産業内の企業の数や製品差別化の可能性などによって左右される。産業内の企業の数が少なければ，敵対関係は弱まる。さらに，製品を差別化することができれば，価格競争に陥って疲弊させられずにすむ。

第3に，代替製品・サービスの脅威が挙げられる。企業は，顧客ニーズに気をつかうあまり，それを超えて過剰な性能の改善にのめりこんでしまうことがよくある。前述したイノベーションのジレンマを想起しよう。とくに，新興国経済の企業がコスト・パフォーマンスの高い技術を装備した安価な代替品を市場投入することで，競争のランドスケープを大きく変えてしまうことがあ

る。

　第4に，買手の交渉力がある。特定の買手が自社の売上高の多くを占めている場合，その取引相手の交渉力は大きくなる。自社の視点からすれば，特定の買手の大量発注によって，それと同じ大規模な発注量を確保するのに複数の買手を探索し，その販売先を訪れる際にかかる取引費用を節約できる。さらに，生産を行う際に負担せねばならない固定費用は，製品1単位の場合と大規模な単位の場合では変わらないため，大量生産によって固定費用をうまく分散できるようになる。

　そして第5に，売手の交渉力がある。企業は，財・サービスの生産のためにさまざまな資源・ケイパビリティを必要とする。その資源が市場で簡単に入手できないほど稀少で，特定の売手がその供給を支配できるとすれば，その交渉力は大きくなると考えられる。

3つの基本戦略

　産業内で保護されたポジションを確立し，5つの競争要因に対応する。そして，企業が獲得しうる収益を大きくする。ポジショニング論は，そのための攻撃的・防御的行動を戦略とみなす。そのための競争戦略は，多くの産業において共通し，結果的に3つの基本戦略にたどりつく。それらは，ターゲット顧客に提供する財・サービスの魅力を高めていくための3つの方法といえる。魅力は，財・サービスの費用（価格）を財・サービスの支払意志額（価値）で除した商として定義されることを想い起こそう。かくして魅力を高めるのに，費用を下げるか，支払意志額を高めるかといった方法が考えられる。

　すなわち第1に，ユニクロ，カシオに代表されるように，コス

ト削減に取り組み，競合にたいする費用優位を追求する**コスト・リーダーシップ戦略**がある。この戦略は，低コストで際立つというもので，コスト削減のベクトルに向けて製品の企画から販売にいたるすべての活動を整合化しなければならない。

第2に，シャープ，BMW に代表されるように自社の製品・サービスの特異性で際立ち，プレミアムを獲得するという**差別化戦略**がある。たとえば，徹底したカスタマー・サービス，あるいは斬新なデザインなどを追求する仕方が考えられる。だが，そうした活動には追加的費用がかかるが，支払意志額を高めるのに効力を発揮するだろう。

さらに，市場全体をターゲットにするのではなく，市場の一部をターゲットにすることもできる。市場は，性別や所得などによって細分化することができ，こうして細分化された市場をセグメントというが，コスト・リーダーシップ戦略，差別化戦略は双方ともに，特定のセグメントにしぼりこんで実行できる。これは，第3の**集中戦略**とよばれる基本戦略である。

コスト集中戦略については，スズキ，ダイハツなどが，他方，差別化集中戦略については，EAR（Esoteric Audio Research），バング・アンド・オルフセン（Bang & Olfusen）などがそれぞれ採用している。たとえば EAR は，ティム・デ・パラヴィチーニ（Tim de Paravicini）が1978年に設立した高級オーディオ・メーカーである。「入ってきた音を，そのまま出してあげるだけ」という独自のロジックにもとづき，プロフェッショナル・レコーディング用のテープマシン，スピーカーなどの開発に取り組み，ザ・ビートルズ（The Beatles）のポール・マッカートニー（Paul McCartney）やテイク・ザット（Take That）のゲイリー・

バーロウ（Gary Barlow）などのミュージシャンをターゲット顧客として世界の音楽を支えてきた[12]。

このように基本戦略は，市場全体をターゲットとしたコスト・リーダーシップ戦略や差別化戦略だけでなく，特定のセグメントにしぼりこんで低コスト，差別化のいずれかを追求する集中戦略によって構成される。ただし，かつてポーターが主張したように，戦略のトレードオフを勘案すれば，企業が複数の基本戦略を追求することは困難だ，という**スタック・イン・ザ・ミドル仮説**が成り立つように思われる。

しかし近年，複数の基本戦略を組み合わせることは可能だ，という主張が展開されつつある。たとえば，世界中でホームファニッシング製品を販売するイケア（IKEA）は，大量生産，顧客による最終組立などでコスト・リーダーシップ戦略を追求する典型例とみなされがちだが，ただ低コストを追求するだけの競合とは違い，すぐれたデザインと機能性を兼ね備えた家具のバリエーションという点で差別化をも追求している[13]。後述するように，一見不可能だと思われる新奇的な組み合わせを実現することで，他社とは違った存在になることが，現代企業には求められている。

バリュー・チェーンと活動システム

産業において企業の競争上のポジションを決定づけている要因を考えるために，複数企業の業績を比較してみると，それらのあいだに格差がみられることがわかる。産業全体の平均以上の収益を実現している企業がある一方で，そうでない企業もある。こうした収益の格差は，**競争優位**という概念によって表される。とくにポーターによれば，競争優位の源泉はバリュー・チェーンにあ

るという。**バリュー・チェーン**とは，価値創造のための活動の組み合わせとマージン（価値創造に必要な活動の総費用と総価値との差）からなる。そして，企業を構成するさまざまな活動が価値創造にどう貢献しているかを示す。

どの企業も，財・サービスの生産に必要な原材料などを調達する。そして，生産された製品は，市場へと出荷され顧客へと届けられる。その後ですら，企業は製品の利用やメンテナンスにかんしてサービスを提供せねばならない。川上から川下へといたるそうした一連の活動は，主要活動とよばれる。他方，主要活動を支える支援活動がある。インフラストラクチャ（全社的なマネジメント，財務，そして品質管理など）にはじまり，HRM（[Human Resource Management：人的資源管理] 従業員の採用，動機づけ，コーチング，そして教育など），技術開発（製品のデザインや輸送技術などの開発），そして調達（原材料，設備，そして社屋などの全社的な購入）である。主要活動の流れについて川上から川下へとすすんでいくにつれて，顧客にとっての価値が付加されていく。ここで価値とは，買手が自社の製品やサービスにたいして支払ってもよい思う支払意志額であることを想起しよう。差別化戦略が示すように，企業は意図的に費用をかけてでもプレミアム価格を追求することもある。

バリュー・チェーンは，自社のどの活動に強み，弱みがあるかを明らかにし，企業境界にかんする意思決定を円滑に行ううえで有用である。活動は，低コストないし差別化の源泉になり，競争優位は，全体的な活動の組み合わせによって確立されうる。企業が業績を高めるには，同じことを他社よりもうまく行うことによって，活動のオペレーション効率を改善する必要がある。しか

し，それだけでは他とは違う際立った存在になることはできないだろう。

ポジショニング論によれば，他との差異性によって競争優位を確立するには，何をするか，何をしないか，といったトレードオフに配慮しながら，戦略と整合的な活動を組み合わせていくことが求められる。つまり競争優位は，個々の活動ではなく，全体的な活動の組み合わせによって生じる。企業は，競合とは違った活動の組み合わせをつくり，価値創造に貢献せねばならない。このことは，活動システムによって表される。活動システムの考え方は，戦略の下で全体的な活動を適合させることが競争優位のカギとなることを示す。

資源ベース論とレント

競争優位を説明するうえで，ポジショニング論は外部環境を重視していたが，企業の内部環境 —— 組織内に蓄積された資源・ケイパビリティ —— を強調する**資源ベース論**が注目されるようになった。ジェイ・バーニー（Jay Barney）によれば，資源ベース論は，経営者の特異性，レントの多様性，資源の集合体としての企業にかんする研究に影響をうけている[14]。第1に，経営者は企業の外部環境と内部環境をそれぞれ分析し，価値創造と価値獲得を実現できるよう戦略の策定・実行をすすめていく。この点ですぐれた経営者は，組織の強みとしてとらえられる。だが，経営者を企業にとって唯一の強みとみなすことはできない。というのも，有能な経営者の特性を明らかにするのはきわめて難しいからである。

たとえば，1998年にアップルのCEOに復活したスティーブ・

ジョブズは，iPodの成功によってアップルの復活劇を演出したが，はたしてそれは，もっぱらジョブズのカリスマ的リーダーシップだけで説明しつくせるものなのだろうか。答えは，ノー（説明できない）だろう。というのも，すぐれた人的資産をiPodプロジェクトに集結させて独自のユーザ・インターフェースを追求したこととあわせ，EMS（Electronics Manufacturing Service）などを活用して開発と生産のアウトソーシングを図ることでシステム・インテグレータに徹したことが，そうした復活劇をもたらしたからである。後述するように，企業の業績を高める変化は，ダイナミック・ケイパビリティにもとづくさまざまな資産の再配置を必要とするだろう。

第2に，レントの多様性が指摘できよう。**レント**とは，すぐれた資源をもつ企業が市場価格より低い平均費用を実現した結果，獲得できる超過利潤のことである。より詳しく述べれば，資源の供給が限定されているために生じるリカード・レント，産出量を意図的に制限することで生じる独占レント，そしてイノベーションによって短期的に生まれるシュンペーター・レント（準レント），などがある。資源ベース論は，こうしたレントを維持するために，隔離メカニズム——たとえば，コカコーラ（Coca Cola）の原料の調合，ルイ・ヴィトン（Louis Vuitton）のブランドなど——を確立せよ，と主張する。

そして第3に，企業を資源の集合体としてとらえる。つまり資源ベース論は，企業がもつ資源の組み合わせはそれぞれ異なる，というエディス・ペンローズの考え方[15]に影響をうけている。企業がもつモノとしての資源には，たとえば企業が利用する資金などの財務資源，企業の技術・機械・社屋などの物的資源，そして

マネジャーや従業員がもつ経験・知識・人的ネットワークなどの人的資源などがあるだろう。

これらの資源がもつ特性やその組み合わせは，企業ごとに異なるうえ競争優位のあり方を左右する。企業がもつ資源・ケイパビリティにかかわる内部環境と，競争優位の関係に注目するのが，バーニーの**VRIOフレームワーク**にほかならない。すなわちVRIOとは，価値（Value），稀少性（Rarity），模倣困難性（Inimitability），そして組織（Organization）のアクロニム（頭字語）のことである。

第1に，Vは企業がもつ資源が価値のあるものかどうかを問題にする。価値ある資源・ケイパビリティは，外部環境の機会の識別とともに脅威への対処を可能にする。ほとんどの企業は，そうした資源をもつ。第2に，Rは自社以外にどれくらいの数の企業が価値ある資源をもつかを問う。第3に，Iは価値があり稀少な資源が，他社にとって模倣することが困難かどうかを問う。そうした資源を模倣するには，費用がかかる。この意味でいえば，模倣困難性は模倣にともなう費用の大きさを表す。

企業は，価値ある稀少な資源を用いて製品・サービスを提供できるようになったとしても，競合に模倣されては意味がない。そこで，競合による模倣そのものを困難にするために，資源の特性や，それらと業績との因果関係をあいまいにする工夫を凝らす，すなわち隔離メカニズムを構築する必要がある。第4に，Oは資源を複雑に結合する，あるいはそれらを有効に利用できる組織がデザインされているかを問う。

組織デザインについては，第5章で取り上げるつもりだが，そこでは，会社という組織を1つの全体としてとらえるべきことを

述べる。しかし近年，多くの会社が「選択と集中」の名の下に事業範囲の見直しをすすめてきた。つまり，時間をかけることなくすばやく機動的にビジネス・ポートフォリオを変えてきた。主にその際，自社の強みであるコア・コンピタンスに集中せよ，という指針が採用されてきたようである。

　だが，資源ベース論の流れをくむ本来の**コア・コンピタンス**の考え方は，短期的な視点で行われる選択と集中に向けられた批判であることに注意せねばならない。コア・コンピタンスとは，さまざまな技術のコーディネーション・統合の仕方にかんする組織学習[16]，あるいは顧客に価値をもたらす一連の技術[17]を意味する。したがってそれは，企業を部分の寄せ集めとしてではなく，1つの全体としてとらえるという考え方なのである。たとえば住友ゴムは，シミュレーションをつうじた解析力をコア・コンピタンスとする。ハイドロプレーニング現象，雪上走行などにみられるように路面環境とタイヤの相互作用がどう変わるかを解析する一方，こうした解析力を応用してゴルフボールなどの開発に役立てている。

　個々の事業の収益性ばかりに関心を向けすぎ，短期的に収益性の低い事業を切り売りしてきた経営者も少なくない。しかし，企業を構成するさまざまな事業が扱っている多様な製品の背後には，コア・コンピタンスがあることを忘れてはならない。つまり，植物になぞらえるならば，事業が枝葉，コア・コンピタンスが根ということになる。要するに，企業を1つの全体としてとらえると，経営者は，個々の事業単位の戦略を全社的な視点でコーディネートし，時間をつうじたコア・コンピタンスの発展を促進していかねばならない。つまり，企業という組織にはまとまりが

必要になる[18]。

ゲーム理論と戦略の関係性

たとえば補完性と代替性は，経済学において代表的な分析道具とみなされる。経済学者は，これらをはじめゲーム理論などの分析道具を，従来は経営学で扱われてきた企業の戦略的意思決定・組織デザインの分析に応用するようになった。この点でいえば，経済学は進化を遂げ，その分析道具を用いて経営の問題をうまく説明できるようになった。そのため，経済学と経営学の境界はあいまいになったといってよい。より正確にいえば，経済学は意思決定問題に直面して何らかの選択を求められている人間の行動についての分析である[19]。したがって，人間の集まりである会社で生じるさまざまな意思決定の問題にたいして，経済学が応用されるというのは，当然といえば当然の流れなのである。

ところで，**ゲーム理論のゲーム**とは戦略的相互作用のことである。つまり，さまざまな意思決定を行っている個人・企業・政府などのプレイヤーが相互に行動を予想し，自分がえられる効用・利益が大きくなるように行動を選択するような相互依存状況である。ゲームは，さまざまなプレイヤーによってさまざまな場面でプレイされる。たとえば，原発で働く「ジャンパー」とよばれる労働者は，被曝のリスクにさらされながらも危険な仕事を請け負うことで，高い報酬をえることを期待する。他方，原発を運転する電力会社は，現場での作業手順をマニュアル化して，労働者に効率的に働いてもらうことを期待する。このように，労働者のモニタリングやモチベーションをつうじて，彼らをできるだけ低い報酬で働かせたい電力会社と，原発での危険な作業をつうじてで

きるだけ高い報酬をえたい労働者とのあいだでは,利害が対立しうる。

　彼らは,**ゲームのプレイヤー**として,互いに相手の行動を予想したうえで,さまざまな選択肢（戦略集合）のなかからどの戦略を選択するのが最も有利になるかを考える。つまり,合理的選択を志向する。すべてのプレイヤーが意思決定を行い,それぞれ戦略を選択した結果,**ゲームの均衡**がもたらされる。その結果を数値化したものが,プレイヤーがえる利得である。プレイヤー,戦略集合,そして利得などは,**ゲームのルール**によって決められる。これらが与えられたとき,プレイヤーが合理的に行動するとどのような結果がもたらされるか,という戦略的相互作用にかかわる問題を分析するのが,ゲーム理論である。

　そこでは,プレイヤー間の戦略の合理的選択が問題になる。プレイヤーは,他のプレイヤーによる戦略の合理的選択を予想し,その予想にもとづいて自分にとって最も大きな利得をもたらすと思われる戦略を選択する。このことがさまざまなプレイヤーのあいだで行われると,安定的な状態がもたらされる。こうした安定的な状態は,均衡とよばれる（第2章も参照）。より詳しくいえば,プレイヤーが相互に最適な仕方で反応した状態（相互最適反応）は,**ナッシュ均衡**とよばれる。

　とくに日本の場合,政治家は過剰なまでに選挙を意識する。もっとも政治家は,選挙に勝つことができなければ,下野する（現在の職を失い,普通の人になる）ことになってしまう。彼らは,選挙区の有権者にたいしてアピールすることで得票に結びつけようとする。そうした努力をする際,毎日「朝立ち」してまじめさをうったえかけるだけで,肝心の演説の中身はとるにたらな

いことがよくある。まじめなのはよいが，朝立ちにまじめになったからといって，日本を，世界を，よくすることができるのだろうか。とはいえ，その政治家は結局，地元の要望を法・規制，予算などに反映させることで地域経済の発展に貢献できなければ，いくら熱心に朝立ちしたところで，次の選挙で選ばれることはないのである。

この点で原発は，とくに有望な産業がない地方にとっては地域開発の起爆剤としてうまく機能してきた。1基あたり数千億円かかるともいわれる原発建設によって，セメント・鉄などの原材料からプラントを供給するメーカー，その建設に携わるゼネコン，さらには核燃料廃棄物の運搬をになう物流会社にいたるまで，バリュー・チェーンを構成する実に多くの企業にたいして事業機会がもたらされよう。そして原発立地にも，それにともない多くの人々が流入し，原発建設の下請業，サービス産業など大きな経済波及効果がもたらされうる。そして原発の新設は，いわゆる電源三法にもとづく莫大な交付金の支給につながり，それは地域経済の活性化のために活用される。

政治家は，これら一連の企業とこれらの労働組合による選挙での支援を期待する一方，原発関連企業は，事業機会を確保するためにその政治家が所属する政党にたいしてさまざまな支援を与えるインセンティブをもっていよう。他方，原子力発電にかかわる資源エネルギー庁などの官僚は，原発を運転する電力会社から天下り先を提供される一方，電力会社は，法・規制，予算などの点で原発推進，ひいてはその独占レントの維持にとって有利な知恵を官僚から提供してもらえると考えられよう。さらに，有望な産業がない地方自治体は，原発建設・運転によって交付金などの金

銭的便益や雇用機会の創出などを期待できよう。

　したがって原発推進という結果は，これら一連のプレイヤーが密接にかかわって生成したナッシュ均衡として解釈できる。つまり福島第一原発事故にみられたように，原発は，地震・津波などの天災と，原子力村の不十分なケイパビリティなどの人災とが結びつくことで国民の生活を危険にさらそうとも，政治家（政党），原発関連企業，資源エネルギー庁などの官僚，電力会社，原発立地の地方自治体などにとって一様に望ましいものとみなされる。そのため彼らは，原発推進という状態から逸脱するインセンティブをもたない。

　理論的には，ある主体が戦略を変更した場合，競合が戦略の点でいかなる対応を図るかという戦略の関係性を表すのに，同じ反応を示す**戦略的補完性**，そして逆の反応を示す**戦略的代替性**という概念が有効である[20]。たとえば，エネルギー政策をめぐって政党Aが脱原発を主張したので，政党Bが脱原発を主張するようになった場合，AとBのあいだには戦略的補完性があるという。こうした動きをうけて，政党Cは原発推進を主張するようになった場合，A（ないしB）とCのあいだには戦略的代替性があるという。

　ファイブ・フォース・モデルをはじめとして従来の戦略経営論の分析道具では，とくに代替性に焦点があてられていた。そこでは，代替的な製品・サービスの脅威が競争要因の1つとみなされ，企業がえる利潤を減らしてしまうと考えられた。しかし，ある製品・サービスの価値を減らしてしまう代替財ばかりでなく，その価値を大きくする補完財も存在する。

　たとえば原発は，火力発電所と代替的な関係にある。他方，原

発と揚水発電所との関係は，補完的だといえる。つまり，一定の発電量を維持せねばならないために微調整のきかない原発は，それが夜間に生み出す余剰電力を活用しうる揚水発電所と組み合わせることで，電力の無駄をなくしその価値をさらに大きく高められるからである[21]。

ところでファイブ・フォース・モデルは，産業内の既存企業，代替品，買手，売手，そして新規参入企業を，脅威をもたらす敵とみなしていた。そのため，自社の製品・サービスの価値を大きくしたり，あるいは協力して競争のルールを有利にするという点で，補完的な役割をはたす味方が入る余地はない。

これにたいして，バリー・ネイルバフ（Barry Nalebuff）とアダム・ブランデンバーガー（Adam Brandenburger）は，**バリュー・ネット**（価値相関図）を提示し，味方としての補完的主体の補完的な役割にも注目したことを指摘しておかねばならない[22]。バリュー・ネットは，プレイヤーのあいだに競争と協力の両方の関係，すなわち**コーペティション**があることを示している。

ブルー・オーシャン戦略とバリュー・イノベーション
競争のない市場をつくる

W. チャン・キム（W. Chan Kim）とルネ・モボルニュ（Renée Mauborgne）は，競争のない市場を創造することで，競争を無意味化してしまう**ブルー・オーシャン戦略**を提示した[23]。競合同士が血をみるほど激しい競争を展開すると，市場はレッド・オーシャンと化す。そこでは，産業の境界は明確になっており，既存企業のあいだではゲームのルール，すなわち市場における競争に参加している競合，顧客はどのような主体か，そして彼らはどの

ような戦略をとり，結果的にどのような利得をえるか，などのルールは共有される。

　こうした産業には，ポーター流のファイブ・フォース・モデルを学習し，競争に勝つために競争戦略を策定している経営者が存在する。実際，会社の役員室ではポーターの分厚い本が並べられている光景を目にすることがよくある。競争によって自社製品がコモディティ化するのを防ぐため，バーニー流のVRIOフレームワークを学習し，模倣困難な資源や隔離メカニズムの構築につとめる経営者もいよう。あるいは，マーケティングに莫大な資金を投じて市場調査を行うことで顧客の特性・ニーズを把握し，市場を定義する仕方であるセグメンテーションを見直し，ターゲットを変更する経営者もいるだろう。こうした手法は，いずれも競争に焦点をあてたものである。しかし競争に勝ち続けるには，どうすればよいのだろうか。特異なポジション，特異な資源をえることで競争優位を確立するというのが，従来の戦略経営論が与えてくれた教えである。

　ブルー・オーシャン戦略によれば，競争の世界（**レッド・オーシャン**）で競合より優位に立つというより，むしろ競争のない世界（**ブルー・オーシャン**）をつくることが重要なのであって，このことは企業家精神なしには実現できないだろう。この点にかんして，歴史をさかのぼれば，さまざまな例が挙げられる。たとえば，多くの大衆が購入できたフォードのモデルT，携帯音楽プレーヤーの分野を発展させたアップルのiPod，清潔で安価で無駄のないヘア・カットのQBハウス，そして簡素にしてセンスの良いファッションのアバクロンビー・アンド・フィッチ（Abercrombie & Fitch）などである。

ブルー・オーシャンとは，すなわち競争のない未知の市場である。したがって，競争の勝敗そのものは重要ではない。しかし問題は，ゲームのルールすらも確立していないところで，どのように顧客のための価値創造を実現できるかという点である。そうした未知の青い海を生み出すためのカギは，バリュー・イノベーションとよばれる。ブルー・オーシャン戦略は，費用を下げると同時に差別化を実現するバリュー・イノベーションを志向する。つまり**バリュー・イノベーション**とは，低コストと差別化を同時に実現することにより，顧客と自社の価値を高められるよう全体的な活動を組織化することである。

　ところで，ポーター流のポジショニング論は，低コストと差別化は両立しえないため，戦略策定の場面では，何をするか，何をしないか，というトレードオフを重視した。しかも，競争に勝つということに焦点をあて，事業・製品レベルの戦略（競争戦略）の役割を強調した。こうしたポジショニング論とブルー・オーシャン戦略を比較すると，戦略にたいする見解が根本的に異なっているため，それぞれ順に「既存市場 対 競争のない未知の市場」「既存需要 対 新規需要」「競争に勝つ 対 競争を避ける」といった対立図式にまとめられる。他方で両者は，戦略と適合した全体的な活動の組み合わせを強調する点では共通するようにみえる。

　さらにポジショニング論は，産業の構造的要因を与件とみなし，市場の境界を安定したものととらえた。これにたいしてブルー・オーシャン戦略は，市場の境界を変更できるという再構築主義の立場に依拠する。市場を変更するといっても，ネット・オークションのイーベイ（eBay）のように，全面的に新しい市場を

創出することもできれば，あるいはコンビニのセブン－イレブンのように，常識を見直して市場を再定義することもできるだろう。とくにブルー・オーシャン戦略は，市場の再定義によって競争を避けるという後者の仕方に注目する。そのためには顧客以外の層に目を向け，新しい需要を掘り起こさなければならない。

シックス・パス

さらに**シックス・パス**，すなわち第1に代替的な製品・サービスを提供する産業から学ぶ，第2に同じ産業内の他の戦略グループから学ぶ，第3に買手グループを深く知る，第4に補完的な製品・サービスを深く知る，第5に機能志向と感性志向を切り換える，第6に将来を見通す，といったことで競争の常識を破壊せねばならない。このように，シックス・パス（6つの経路）によって市場を再定義する際の方向性を理解したら，ブルー・オーシャン戦略を策定せねばならない。

フォー・アクション・フレームワーク

低コストと差別化の同時実現のために具体的に何をすべきか。このことを示すのが，**フォー・アクション・フレームワーク**である。この枠組は，低コストと差別化のトレードオフを解消するための4つの行動を明らかにする。

第1に，業界の標準として既存の製品・サービスに装備されている要素から「取り除く」べきものがあるかどうかを問う（Eliminate）。第2に，業界の標準と比べて大いに「減らす」べき要素があるかどうかを問う（Reduce）。第3に，業界の標準と比べて大いに「増やす」べき要素があるかどうかを問う（Raise）。そして第4に，業界がこれまで提供していない新たに「生み出す」べき要素があるかどうかを問う（Create）。

これらのうち，Eliminate と Reduce は低コストに結びつく行動，そして Raise と Create は差別化に結びついた行動だと理解できる。そして，それぞれの項目について，具体的にどのような要素，行動を選択したらよいかを明らかにせねばならない。

戦略キャンバスと価値曲線

実行すべきことを理解した後で，利用する分析道具が戦略キャンバスと価値曲線の2つである。戦略キャンバスのヨコ軸には，業界各社が注力している複数の競争要因をとる。そしてタテ軸には，競争要因について買手がどの程度の水準をえているかという価値の大きさをとる。それぞれの競争要因ごとに価値の大きさをプロットしていくと，企業の戦略の特徴を表す価値曲線が求められる。

他社とは差別化したすぐれた価値曲線は，特定の競争要因に集中している，他社のものとはかけ離れている，アピールするタグラインをもつ，といった点で際立っている。際立つ価値曲線を生み出すためには，社内でさまざまな戦略キャンバスをつくり，議論によって成果を共有できるような機会，すなわちビジュアル・ストラテジー・フェアを設け，多くの人々をまきこんで議論をすすめていかねばならない。

ただし，以上の分析道具を利用することによって，未開拓のブルー・オーシャンの創出に成功したとしても，それが永続することはありえないことに注意せねばならない。というのも，やがて新規参入が生じて競争が激化してしまうからである。こうしてレッド・オーシャンへと転化した状況の下では，競争に勝つ戦略がまた意味をもつようになる。したがって企業は，競争を避ける戦略だけでなく，競争に勝つ戦略にもたけている必要がある。

ダイナミック・ケイパビリティ・フレームワークと変化の創造

ダイナミック・ケイパビリティとは何か

　現代の会社を取り巻く環境は，時々刻々とめまぐるしく変化している。とくに近年，経営者は，既存の競合，新規参入者のために機敏な対応が必要となる熾烈な競争環境，すなわち**ハイパーコンペティション**の下で，会社の存続を考えなければならなくなった。こうした熾烈な競争に生き残るために会社の戦略・組織を変化させていかなければならない。そこでカギとなるのが，ダイナミック・ケイパビリティにほかならない。**ダイナミック・ケイパビリティ・フレームワーク**の開拓者であるデビッド・ティースによれば，**ダイナミック・ケイパビリティ**とは，企業が技術・市場の変化に反応できるよう，そして均衡状態にあり差別化が不可能なゼロ利潤条件から逃れられるよう，資産の形成・再形成・配置・再配置を実行するためにもつ模倣不可能な能力のことである。換言すると，ダイナミック・ケイパビリティは，感知（機会の識別・評価を行う），捕捉（機会へ対処し，価値獲得を実現するために資源を動員する），再配置（企業を継続的に変えていく）といった3つの活動に必要な能力とみなされる[24]。さらにコンスタンス・ヘルファット（Constance Helfat）たちによれば，企業が資源ベースを意図的に創造，拡大，修正する能力のことである。第1章でも暗示しておいたように，ダイナミック・ケイパビリティは，変化を生み出す能力なのである。

　ダイナミック・ケイパビリティは，会社の知識・スキル・経験などを意味するケイパビリティというカテゴリーの一部をなす。

ケイパビリティは、会社が特定の活動を実行するのにもつ能力のことだが、既存の物事の仕方を持続する一般的ケイパビリティ、そうした仕方を変化させるダイナミック・ケイパビリティにわけられる[26]。要するに、ダイナミック・ケイパビリティは、一般的ケイパビリティより高次のものだといえる。

会社は、これまで蓄積してきたケイパビリティを利用して価値創造、価値獲得につとめていかねばならない。この点で、ケイパビリティのパフォーマンスを測定するための尺度が必要になる。そこでダイナミック・ケイパビリティ・フレームワークは、専門的適合度と進化的適合度という2つの尺度を提示する。あるケイパビリティがその機能をどれだけ有効にはたしているかを表すのが、**専門的適合度**である。また、そのケイパビリティがどの程度うまく企業に収益をもたらすかを表すのが、**進化的適合度**である。進化的適合度は、専門的適合度だけでなく、市場で需要される生産物の数量である市場需要、他社との競争・協力にかかわる競争環境によっても左右される[26]。

ダイナミック・ケイパビリティは、経営者・組織の能力に関係する。さまざまな資産を利用して価値創造、価値獲得が行われるが、そうした資産が市場のみえざる手ではなく会社の内部、すなわち経営というみえる手に取り込まれると、そのオーケストレーションという機能が必要となる。**資産のオーケストレーション**のためには、とくに経営者の賢明な意思決定・企業家精神が求められ、これらはダイナミック・ケイパビリティ・フレームワークの中核をなす。

より詳しく述べれば、オーケストレーションの対象になるのは、ある資産の価値が他の特定の資産の利用によって高まると

いった**共特化資産**である。こうした資産は,市場で簡単に売買できるものではない。ティースによれば,経営者による共特化資産のオーケストレーションは,以下の3つを目的とした先制的なプロセスとみなされる。すなわち,共特化資産が価値を生み出すよう相互に整合した状態にすること,投資プロセスをつうじて開発すべき新しい共特化資産を選択すること,そしてもはや価値を生まなくなった共特化資産のダイベスチャ(部分売却・分割)・処分を図ることである。そして資産のオーケストレーションには,たとえばビジネス・モデルのデザイン,M&Aの実行,イノベーション・変化の促進,ガバナンスの選択などが含まれる。

ところで,ダイナミック・ケイパビリティは変化にかかわると述べたが,多能にもかかわる。すなわち,チャールズ・オライリー(Charles O'Reilly)とマイケル・タッシュマン(Michael Tushman)によれば,既存事業をさらにきわめていく**発掘**と,新規事業を開発する**探査**とを同時並行的に実行するという**多能**は,1つのダイナミック・ケイパビリティとみなされる[27]。たとえば,先にみたイケアのように,低コストと差別化といった異なる戦略にもとづく活動を整合化させる能力も,多能とみなされるのである。

アメリカで1880年にジョージ・イーストマン(George Eastman)によって創業され,カラーフィルム,デジタルカメラを世界にさきがけて発表してきたイーストマン・コダック(Eastman Kodak)は,2012年1月に事実上倒産してしまった。他方で日本において,1934年1月に誕生した富士写真フイルムは,総合写真感光材料メーカーとして事業を展開してきた。そして2006年10月には,富士フイルムホールディングスとなった。現在で

は，写真フィルムのドメインを超えて，化粧品，医薬品，医療用機器などへと幅広い展開を実現し，代表的な化学・医薬品企業として生まれ変わりつつある。このように，資源・ケイパビリティをもっていても，環境変化に適応できない会社が存在する一方，環境変化に適応できる会社，あるいはそれを先取りできる会社も存在する。その差は，ダイナミック・ケイパビリティをもつか否かによって左右されるといっても過言ではない。

したがって，富士フイルムが経験したフィルム・メーカーから化学・医薬品メーカーへの変化は，ダイナミック・ケイパビリティにもとづくさまざまな資産の再配置を必要としたはずである。そのためには，会社がたどってきた歴史，長いあいだ成功をもたらしてきたビジネス・モデルからの離脱が必要となり，これまでとは違った仕方で市場をとらえ直すことが求められる。

日本の成功症候群とダイナミック・ケイパビリティ

しかしタッシュマンとオライリーが指摘するように，会社では**成功症候群**が発生しうる。すなわち，会社では過去の成功体験が引きずられ，いったん成功をおさめた価値や教訓が制度化される。それによって会社は，自己満足に陶酔し傲慢になっていく。こうした慣性は，相対的に安定した環境であれば，そのまま成功をもたらしうるかもしれない。だが，会社が不連続的な変化に直面した場合，会社の変化を妨げ失敗をもたらす要因になりうる[28]。結局，過去の成功体験は，変化が必要とされる状況で会社の変化を妨げてしまうのである。

私見では，日本の問題の根幹は，国全体として成功症候群におかされている点，すなわち環境変化のなかで何の秩序かを問うこともなく，過去から継承した秩序の維持に向けて闇雲に過剰な資

源を配分している点にあると思われる。さらにいえば，半端な真実にもとづいた擬似リーダーが強いリーダーとみなされている点が問題である（第7章も参照）。彼らは，強そうにみえるリーダーを演出し，国民をまきこんでまで陳腐化した物事の仕方を死守しているにすぎない。

　日本が危機時をむかえているにもかかわらず，国家の存亡にたいして何の危機感をもつことなく，目先の選挙のこと，目先の天下り先のこと，目先の権益，目先の国・会社のメンツのことしか考えられないような政治家，官僚，経営者がいるとすれば，彼らにその職務を全うする資格はないだろう。グローバル時代において，日本という国の持続可能性を守るためにどうすればよいのか，を問わねばならない。

　日本という国の存続・繁栄を願う人々すべてがダイナミック・ケイパビリティを身につけ，国，産業，会社のより望ましいあり方，適切なかたちを考えていかねばならない。とくに危機時での変化に向けて，国民の代表とされる政治家，法・規制を仕切っている官僚，そして人々の生活を豊かにするための会社を動かす経営者にたいして，求められている役割はとてつもなく重い。今そこにある現実を直視する冷静な頭脳，それを自分のこととして置き換える熱いハート，そしてよりよき日本・世界を実現するためのイノベーションに向けた機敏な行動が求められている。

トーク・テーマ

- ある特定の業界，企業を選択したうえで，ファイブ・フォース・モデル，バリュー・チェーン，活動システム，VRIOフレームワーク，バリュー・ネット，ブルー・オーシャン戦略といった一連の分析道具を用いて戦略分析を行ってみよう。
- 成功症候群という観点から，日本の電力会社の戦略とビジネス・モデルを考察し，日本のエネルギー政策について考えてみよう。

さらに深く学びたい人へ

★ デビッド・ティース（谷口和弘・蜂巣旭・川西章弘・ステラ・チェン訳）『ダイナミック・ケイパビリティ戦略――イノベーションを創発し，成長を加速させる力』ダイヤモンド社，2013年の第1章を読んで，ティースの戦略観について議論しよう。

♣ 英語での学習に向けて（★の英語版）

David Teece (2009), *Dynamic Capabilities and Strategic Management: Organizing for Innovation and Growth*. Oxford: Oxford University Press.

参考文献

1 谷口和弘 (2006)『戦略の実学――際立つ個人・際立つ企業』NTT出版。
2 http://www.sony.co.jp/SonyInfo/IR/info/strategy/message.html#module 12を参照。
3 http://www.fastretailing.com/jp/about/frway/を参照。
4 鈴木一夫・松田忍他 (1992)『戦いにみる戦略・戦術事典』ナツメ社。
5 William Barnett and Morten Hansen (1996), "The Red Queen in Organizational Evolution," *Strategic Management Journal*, 17, pp.139-157.
6 Christoph Zott and Raphael Amit (2010), "Business Model Design: An Activity System Perspective," *Long Range Planning*, 43, pp.216-226.
7 David Teece (2010), "Business Models, Business Strategy, and Innovation," *Long Range Planning*, 43, pp.172-194.
8 山田英夫・山根節 (2006)『なぜ，あの会社は儲かるのか？』日本経済新聞社。

9 http://www.e-plaisir.co.jp/news-backnumber/20111102.pdf を参照。
10 Clayton Christensen (1997), *The Innovator's Dilemma : When New Technologies Cause Great Firms to Fail*. Boston, MA : Harvard Business School Press.(伊豆原弓訳『イノベーションのジレンマ──技術革新が巨大企業を滅ぼすとき』翔泳社, 2001年)。
11 Michael Porter (1980), *Competitive Strategy : Techniques for Analyzing Industries and Competitors*. New York : Free Press.(土岐坤・中辻萬治・服部照夫訳『競争の戦略(新訂)』ダイヤモンド社, 1995年)。Michael Porter (1985), *Competitive Advantage : Creating and Sustaining Superior Performance*. New York : Free Press.(土岐坤・中辻萬治・小野寺武夫訳『競争優位の戦略──いかに高業績を持続させるか』ダイヤモンド社, 1985年)。Michael Porter (1998), *On Competition*. Boston, MA : Harvard Business School Press.(竹内弘高訳『競争戦略論 (I) (II)』ダイヤモンド社, 1999年)。
12 http://www.ear-yoshino.com/tim_bio.php?n=2 を参照。
13 Anne Huff, Steven Floyd, Hugh Sherman, and Siri Terjesen (2009), *Strategic Management : Logic and Action*. Hoboken, NJ : John Wiley & Sons.
14 Jay Barney (2002), *Gaining and Sustaining Competitive Advantage*, 2nd ed. Upper Saddle River, NJ : Prentice-Hall.(岡田正大訳『企業戦略論──競争優位の構築と持続(上)(中)(下)』ダイヤモンド社, 2003年)。
15 Edith Penrose (1959), *The Theory of the Growth of the Firm*. Oxford : Basil Blackwell.(日高千景訳『企業成長の理論』ダイヤモンド社, 2010年)。
16 Coimbatore K. Prahalad and Gary Hamel (1990), "The Core Competence of the Corporation," *Harvard Business Review*, 68 (3), pp.79-91.
17 Gary Hamel and Coimbatore K. Prahalad (1994), *Competing for the Future*. Boston, MA : Harvard Business School Press.(一條和生訳『コア・コンピタンス経営──大競争時代を勝ち抜く経営』日本経済新聞社, 1995年)。
18 谷口和弘 (2008)『組織の実学──個人と企業の共進化』NTT出版。
19 伊藤秀史 (2012)『ひたすら読むエコノミクス──Read Me 1st』有斐閣。
20 Jeremy Bulow, John Geanakoplos, and Paul Klemperer (1985), "Multimarket Oligopoly : Strategic Substitutes and Complements," *Journal of Political Economy*, 93, pp.488-511.
21 谷口和弘 (2012)『日本の資本主義とフクシマ──制度の失敗とダイナミック・ケイパビリティ』慶應義塾大学出版会。
22 Barry Nalebuff and Adam Brandenburger (1996), *Co-opetition*. New York : Doubleday.(嶋津祐一・東田啓作訳『ゲーム理論で勝つ経営─競争と協調のコーペティション戦略』日本経済新聞社, 2003年)。
23 W. Chan Kim and Renée Mauborgne (2004), "Blue Ocean Strategy," *Harvard Business Review*, 82 (10), pp.76-85. W. Chan Kim and Renée Mauborgne (2005), *Blue Ocean Strategy : How to Create Uncontested Market Space*

and Make the Competition Irrelevant. Boston, MA: Harvard Business School Press. (有賀裕子訳『ブルー・オーシャン戦略 ── 競争のない世界を創造する』ランダムハウス講談社, 2005 年)。W. Chan Kim and Renée Mauborgne (2005), "Blue Ocean Strategy: From Theory to Practice," *California Management Review*, 47, pp.105-121.

24 David Teece (2009), *Dynamic Capabilities and Strategic Management: Organizing for Innovation and Growth*. Oxford: Oxford University Press. (谷口和弘・蜂巣旭・川西章弘・ステラ・チェン訳『ダイナミック・ケイパビリティ戦略 ── イノベーションを創発し, 成長を加速させる力』ダイヤモンド社, 2013 年)。

25 Constance Helfat, Sidney Finkelstein, Will Mitchell, Margaret Peteraf, Harbir Singh, David Teece, and Sidney Winter (2007), *Dynamic Capabilities: Understanding Strategic Change in Organizations*. Oxford: Blackwell. (谷口和弘・蜂巣旭・川西章弘訳『ダイナミック・ケイパビリティ ── 組織の戦略変化』勁草書房, 2010 年)。

26 Constance Helfat and Sidney Winter (2012), "Untangling Dynamic and Operational Capabilities: Strategy for the (N)ever Changing World," *Strategic Management Journal*, 32, pp. 1243-1250.

27 Helfat *et al*. (2007), Teece (2009) を参照。

28 Charles O'Reilly and Michael Tushman (2008), "Ambidexterity as Dynamic Capability: Resolving the Innovator's Dilemma," *Research in Organizational Behavior*, 28, pp.185-206.

29 Michael Tushman and Charles O'Reilly (1996), "Ambidextrous Organizations: Managing Evolutionary and Revolutionary Change," *California Management Review*, 38, pp.8-30.

第5章

組織と経営者

事例から学ぶ

　本章では,組織とは何かを理解するという目的を掲げる。まず,組織において経営者がはたすべき役割についてのイメージをつかむため,具体性の高い事例（ケース）からはじめよう。

　第1に,阪急グループの創業者である小林一三,東急グループの創業者である五島慶太といった日本を代表する2人の企業家を比較し,彼らの共通点を簡潔に把握したい。その際,経営者のあいだで戦略,組織,ビジネス・モデルなどの学習を行ううえで,第2章で取り上げた類推的推論の方法が有効だということを認識しよう。

　第2に,沖縄のアイコンとでもいうべきオリオンビールの創業者である具志堅宗精に焦点をあて,どのようにオリオンビールというブランドを人々に認知させたのか,そしてどのような企業をつくろうとしたのか,について理解しよう。

第3に，フォーシーズンズ・ホテルズ・アンド・リゾーツ（Four Seasons Hotels and Resorts）というホテル・チェーンを創業したイサドア・シャープ（Isadore Sharp）に着目し，新しいビジネス・モデルをつくるべく異質な要素の新結合を行ううえで，多能が重要であることを理解しよう。

このように，時代の状況・流行に左右されない普遍性をもつと思われる事例を選択的に扱うことで，戦略，組織，ビジネス・モデルのデザインにおいて経営者がはたすべき役割について理解を深めたい。

経営者の役割にかんする比較

小林一三

かつて小林一三は，江崎グリコを創業した江崎利一に六甲山で会った。その際，45歳で佐賀から大阪に出てきた江崎にたいして，それまで佐賀で何をしていたのか，という質問を投げかけた。これをうけ，江崎はこたえた。すなわち，ワインの空き瓶を集めて関西地方へ送ることで設けている商店があったが，結局その瓶にワインが詰められて売られ，また関西地方へと戻されていくことに気がついた。そして，買手を確実に確保し，樽でワインを買い，瓶を消毒してワインをつめて売る事業を思いついたのだ，と。江崎は，ワイン事業をつうじて事業のノウハウを学び，大阪に出てきた。そこで，グリコというキャラメルのようなお菓子を，当時主流だった四角形ではなくハート形にしたり，おまけをつけるなどの工夫をこらして成功を遂げた。

小林は，企業家としての江崎について「一つの事業に成功して大きくなる人は，一般の人が見すごしているような細かい点にも

気をつけて，何かそこに商売となるものを見つけ出し，それを果敢に実行する力を持っている」[1]と評価した。つまり小林は，企業家には発見と実行という2つの要素が必要だということを明らかにした。

他方で小林は，松永安左ヱ門について述べた。すなわち，「彼が博多の電車会社をやっているとき，ちょっと来て，知恵を貸してくれというから行くことは行ってみたが，キミは電車やその副業なんて小さな仕事は不向きだ。でっかく出て日本の電力王になれといってやった」[2]。実際に松永は，小林の進言通り後に「電力王」として，さらに「電力の鬼」としても知られるようになり，日本の電力産業の基礎をつくるほどの強力なカリスマ的リーダーシップを発揮した。経営者が成功するには，既存の枠組を打破するほどの際立ちが必要なのである。

もちろん小林は，自らも経営者としての経験をもっていた。彼は1927年，東京電力の前身である東京電燈の再建を依頼され，池田成彬から副社長として入るよう要請をうけたものの，表向きは取締役営業部長として，実際には社長業務をになうことになった。そして，1933年に社長になった。彼は，社長をつとめた後で商工大臣になり，その後は新井章治を社長に推挙した。新井は，小林について「若尾璋八の後を承けて東電を立て直したので"中興の祖"として敬重されている。鋭い判断力，出足の早い実行力は従来の社長にみられないものがあった」[3]と述べた。

ところで，小林の秘書課長をつとめていたのが，後に東京電力社長となり，自分の故郷である福島県において福島第一原発の建設をすすめた木川田一隆だった。小林は，木川田について「大局的に見て考えなくてはならないことを，小局的に東電本位に考え

ているところがあったのである」[4]と述べ,部下である木川田の視野の狭さを厳しく見抜いていた。あえていえば福島原発危機は,木川田の視野狭窄が1つの遠因となって生じたといえるのかもしれない。

ところで小林は,1907年に三井銀行を退職し,箕面有馬電車の専務に就任していた。彼は,路線建設に加えて沿線の土地分譲に取り組んだのだが,日露戦争後の不況により物事は円滑には進展しなかった。しかし彼は,不況下では計画通りの販売は不可能だが,次の2点を注意すれば克服できるとした。

第1に,「買ったら得」という認識を買手にうえつける。とくに土地分譲では,日本で最初にパンフレットによる宣伝を試みた。「住宅地帯案内——いかなる土地を選ぶべきか。いかなる家屋に住むべきか」というパンフレットを大阪市内で配布し,郊外に住居をもつことがいかに健康的で,しかも土地の価格は市内の10分の1で,家が完成する頃,電車が開通するので,今,土地を買うことがいかに有利かを力説した。

第2に,資金がなくても実際に「買いやすく」する。この点にかんして,土地だけの月賦販売,土地・住宅の月賦販売を試みた。日本での月賦販売は,江戸時代の伊予商人による椀舟行商に起源をもつが,そこから飛躍して住宅の月賦販売を取り入れた。とくに1909年,池田室町200戸の販売に土地住宅の月賦による販売を取り入れ,一戸2500円から3000円ほどかかり,頭金20%,残りを120カ月の月賦で販売することにした[5]。

小林のビジネス・モデルは,次のように要約されよう。すなわち,「阪急沿線に住む人たちの多くは,小林の分譲した土地や住宅に住み,小林の電車に乗って通勤し,小林のつくったマーケッ

トで日用品や，食料品を買う。また贈答用にする有名菓子や食品も小林のマーケットで買うということになっていった」[6]。つまり彼は，顧客に土地・住宅を販売したうえで，彼らの移動手段のために電車をつくり，彼らの生活必需品を揃えるための百貨店を設けた。このように，彼が生み出した外部経済の内部化によって特徴づけられる明確なビジネス・モデルは，多角化による事業展開の基礎として多くの経営者に学習されていく。

五島慶太

とくに五島慶太は，小林のモデリングを試みた。この点について，五島は述べた。すなわち，「終始一貫自分が智恵を借りて自分の決心を固めたものは小林一三だ。百貨店も全く小林の智恵により，阪急百貨店と同じようなものをつくった。あれは『私鉄が模範的最善の設備をするには，百貨店よりほかにしようがない。沿線の住民にサービスをしなければならん』と思ってやったのだ。映画をやるときには小林に相談しなかったけれども，やはり小林のまねで，ようやく最近一息入れたものの，小林同様私も一応失敗した。そういうことで大体，大衆を目的とした現金収入の商売をするということを原則として来た。ブルジョア階級を相手にしてやっている商売はだめだ。大衆を相手にする現金商売というものは，鉄道とか映画とかあるいは百貨店というものだ。これは全部小林の智恵だ」[7]。

さらに五島は，「事業というものは，私の経験によると，真に自分が働いて自分が儲けた金によってやった事業でなければ本当の事業にはならない。株式や社債を募集して払込ませた金や銀行から借りて来た金でする事業は本当の事業にはならない。永続性がない。……今日非常な危機に瀕している会社等について警告を

発しているのであるが、然し、それを経営している人の心次第、その経営している人が本当に決心して自分の仕事としてこれを再建しようと考えておるならば、明日からでも再建は容易だと思う」[8]として、自己資本で地道に事業の拡張を図る意義を説いた。

小林と五島の比較

ここで、小林と五島を簡潔に比較しよう。両者ともに、鉄道と土地の結合によって事業拡大を図ったという点で共通していた。しかし前者は、不動産開発を基軸に不動産価格を増大させるための道具として鉄道を活用したのにたいして、後者は、電車ありきでその経営を強固にするために土地開発を行ったと解釈される[9]。

さらに小林と五島の関係に立ち入るうえで、田園都市会社に注目しよう。渋沢栄一は、1918年に田園都市会社を設立するが、この会社では自分は相談役にとどまり、息子の秀雄を支配人として送り込んだ。だが素人の事業ということで、渋沢は小林に経営指導を要請した。そして、目黒線という鉄道を目玉に洗足地区の分譲を開始した。しかし、当時の経済情勢により鉄道建設がうまく立ち行かず、第一生命の矢野恒太社長に参加を依頼し、結果的に資金的な安定をみた。だが矢野は、鉄道は素人だったため、小林に経営を依頼した。そして小林は、大阪を基盤としていたため、自分に代わる人物として五島を推挙した。

結局、五島は田園都市会社の鉄道部門の責任者として、鉄道を生かすべく土地にも着手していく。とくに彼は、田園都市会社の開発計画にある「住民の師の子弟の教育機関を沿線に誘致する」という項目に着目し、大岡山に東京高等工業学校（後の東京工業

大学),日吉に慶應義塾大学の誘致を図った。この点について,五島は「小林一三さんから学んだものは多いが,私の独創といえば,この沿線に学校を誘致して,沿線の品格の向上と,運賃収入をはかる一石二鳥の名案がこれだ」[10]と述べた。

こうした五島のビジネス・モデルは,外部経済の内部化にもとづく小林のビジネス・モデルの拡張版とみなすことができよう。しかし,土地を提供して学校を誘致することで,土地の価値を高めるとともに,学校へ電車で通学する学生・教職員などから運賃を獲得するという要素を追加した点で,新奇的なビジネス・モデルとなっている。とくに,土地の提供を運賃の獲得に転化するという点でいえば,第4章で紹介したように,剃刀の販売(すなわち土地の提供)によって,将来的に替刃の消費(すなわち運賃の獲得)が見込まれることを前提としたレザー・ブレード・モデルが想起されよう。この点で,五島のビジネス・モデルは既存の要素の新結合を重視した点で,シュンペーター的な意味での新奇性をもたらした。

オリオンビールの具志堅宗精

会社の設立

オリオンビールの前身である沖縄ビールの発足は,1957年5月18日にさかのぼる。その創業者である具志堅宗精は,刑務官をつとめる父宗切,家業の味噌醤油醸造業を営む母カメの次男として,1896年8月沖縄県那覇市垣花町に生まれた。彼は,野菜の栽培,製帽,造船所の見習いをへた後,巡査の採用試験をうけ,巡査として宮古島に赴任した。その後,戦後の混乱期には宮古群島知事として活躍することになった。

群島政府組織法の施行による公選を契機として知事を辞めた宗精は，醤油工場を運営していた弟宗発の進言もあって，1950年11月に具志堅味噌醤油を設立した。この企業は，1951年4月に赤マルソウ醤油の販売を開始し，1955年9月に具志堅みそ醤油へと商号の変更を行い，1966年12月には株式会社への組織変更とあわせ，赤マルソウみそ醤油となった。さらに，1988年12月には赤マルソウへと社名を変更して現在にいたる[11]。

　宗精によるビール事業への進出に影響を及ぼした重要な要因の1つとして，宗発の進言が挙げられる。すなわち宗発は，味噌醤油醸造に携わってきた経験から，完全な冷凍設備さえ整備できれば，亜熱帯気候・水質の問題をかかえる沖縄でもビール事業が存立しうると考え，宗精にビール事業への進出を進言したのだった[12]。

　また宗精は，すでに味噌醤油醸造での知識や成功をえていたばかりか，ビール事業への新規参入を後押しするような環境変化が生じていることを認識していた。すなわち実際，味噌，醤油，ビールはどれも酵母を用いた発酵技術を不可欠とし，原料面で大豆と麦との違いがあるものの，醸造技術，製造プロセスなどの点で共通点も多い。さらに当時，民政官として沖縄の行政権を掌握していたボンナ・バージャー准将は，沖縄における自立経済の確立のためにビール産業とセメント産業が有望だという見解を，1956年の琉球商工会議所総会で主張していた[13]。

　かくして，ビール会社の設立に積極的な姿勢を示すようになった宗精は，バージャー准将，富原守保琉球銀行総裁などの要人を説得し，協力的な姿勢を引き出すことができた。そして，「日本」本土をはじめとして外国産の輸入ビールにたいする規制措置

が可能であれば,ビール事業は成功する,という見通しをたてた。これをうけて,ビール事業に着手するための設立準備委員会を設け,宗発が計画の概要をまとめることとなった。

ビール会社の設立に賛同したのは,富原総裁はじめ財界の錚々たるメンバーであり,第1回発起人会には,宗精,宗発を含め28名が出席した。1956年9月13日,那覇市壺屋の料亭幸楽で開かれたその会合で,宗精は,ビール事業には価値があるので会社設立が必要だと説明するとともに,麒麟麦酒と提携したいという意向を明らかにした。そしてこの席上にて,沖縄キリンビールという名前で会社設立をすすめることを決定し,年産能力5,400キロリットルの工場を建設する計画が発表された[14]。

早速,宗精を中心に平田忠義沖縄貿易社長,伊豆味元貞沖縄工業商事専務が麒麟麦酒との交渉にあたったが,先方が提示した条件を満たすのは事実上困難で,提携の実現可能性はきわめて薄いと判断せざるをえなかったため,あいにく提携の話は打ち切られることとなった。これとあわせて,会社の名前も沖縄ビールへと変更を余儀なくされた。

ビール事業の資源・ケイパビリティ

そこで,ビール事業に着手するうえで不可欠な技術者の紹介・推薦,技術指導の助言を求め,坂口謹一郎東京大学農学部教授の力を借りた。彼が紹介してくれたのは,麒麟麦酒の横浜工場長をへて大洋醸造の技術員をつとめていた坂口重治という人物であった。この人物は,大洋醸造の機械技術員としての経歴をもつ吉田義雄,浮島明進,森川豊,徳地俊春,田辺成昭を紹介することで,初期的な技術基盤の確立に大いに寄与した。

さらに,ビール製造のための機械が必要だったが,宗精が懇意

にしていた中村虎一山崎鉄工所専務をはじめ技術者の努力によって，中古機械ではなく新機械を，しかも当初の予定よりも安価に購入することができた。それは，機械メーカーが不況のため取引を有利にすすめられる立場になかったことだけでなく，宗精自ら東京有数の旅館である福田家に赴き，メーカーとの機械購入の交渉にかかわったことも寄与したようである[15]。

1957年2月に酒類製造仮免許の取得にこぎつけたことをうけ，早速3月1日には株式の募集が開始され，『琉球新報』に株式募集趣意書が発表された。その骨子は，以下のように要約されよう。すなわち，「沖縄における麦酒の醸造販売は（そ）の輸入を防ぎ（ドル）の流出を阻止することが出来，他面雇用の拡大を招来し，（もっ）て沖縄の経済復興に大きく寄与するものと確信致します」[16]と。だが，必要とされた資金の大半を銀行融資に依存することとなり，残りの資金を調達するため，宗精は自ら奔走し多くの人々と会い，募集行脚を続けることで幅広い層の株主を集める必要があった[17]。

そして5月9日，那覇市安里の琉映本館にて沖縄ビールの設立総会が開かれた。この総会では，定款の審議，役員の選出が行われ，取締役15名，監査役3名，顧問1名が選ばれた。そして取締役会では，社長には具志堅宗精，専務には首里高校校長だった伊集盛吉，常務には先の坂口重治，琉球政府公務交通局次長だった富永寛二，琉球政府経済局貿易課長だった友寄喜邦がそれぞれ選出された。

次に，工場建設の候補地の選択について，良質な水の確保という観点から名護町にしぼられることになった。当時のビール業界の一般的な認識によると，1キロリットルのビールをつくるに

は，約15キロリットルの水が必要になるということで，ビール製造において良質な水の確保は至上命題とされた。条件を満たす候補地として名が挙がった名護町では地域経済の発展を期待し，大城亀助名護町長を中心に誘致運動が展開され，多くの人々の積極的な協力をえることができた。しかし残念なことに，1958年9月に坂口常務取締役工場長が急逝してしまった。沖縄ビール名護工場は，1957年8月に工場建設が開始され，彼が亡くなった後の1958年11月に完成をみた。

しかし，工場長の後任人事という重大な問題が残された。そこで，麒麟麦酒満州工場長をつとめたことがある沢田武治に白羽の矢がたてられ，彼とともに麒麟麦酒出身の職長経験者が数名招かれることとなった。そして従業員については，工場の地元である名護町を中心に採用された。

他方，「大衆に親しみやすく呼びやすい名称を」ということで一般公募によって，商品であるビールの名前が募集され，審査の結果，沖縄の対外的なアピールを勘案して「オリオン」に決定した。2,500通の応募のなかから820通あまりにしぼられ，最終的にこの名前が選ばれたのだった。

かくしてオリオンビールは，1959年5月17日に発売されることになったが，その前日にはトラック18台に5,000ケースを積み込み，名護から那覇へと初出荷街頭パレードを実施した。そして5月23日の株主総会では，社名も他のビール会社のように地域名にこだわることなく，世界に通用するような普遍的な名前に改めてみてはどうだろうか，という提案をうけ，オリオンビール株式会社へと社名が変更された。

オリオンビールを取り巻く環境

　当時のオリオンビールの販売ルートは，大卸，中卸，小売の3段階によって構成されていた。つまり，沖縄貿易，沖縄工業商事，丸仲商会といった3社の麒麟麦酒の代理店，軍向け輸入ウイスキーを扱う国際物産の4社が大卸として選ばれ，これらをつうじて中卸，小売への販売ルートがつくられていた。さらに具志堅みそ醤油も，オリオンビールの直売業務を委託されていたので，合計5社の代理店が存在していたことになる。

　しかしオリオンビールにとって，大卸の3社は麒麟麦酒の代理店も兼業していたため，自社製品だけを優先してもらうのは難しかった。そればかりか，先発メーカーの優位性が確立し新規参入企業が市場に食い込むことは困難だったため，沖縄全域をカバーしていた麒麟の特約店の力を借りたという経緯もあった。

　他方，政府による税制保護措置のおかげで，輸入ビールとのあいだには価格差——当時の水準で大びん（633ミリリットル）1本あたり10セントの価格差——があり，オリオンビールにとって有利な条件となっていた。にもかかわらず，売上は順調に伸びなかった。当時のオリオンビールを取り巻く環境は，以下の4つの特徴をもっていたとみなされる[18]。

　第1に，ドイツビールを志向していたオリオンビールは，苦味が強いという批判を消費者からよくうけたため，ホップの量を減らすなどして対応を余儀なくされた。第2に，麒麟をはじめとして朝日麦酒，日本麦酒は，強固な資金力を背景として販売・宣伝に力をいれてきたのだが，資金不足のオリオンビールは，後手の対応に終始せざるをえなかった。第3に，輸入品は一流品なのにたいして，オリオンビールのような島産品は「島グヮー」（品質

の劣った二流品）だという認識が，沖縄の人々のあいだには根強く浸透していた。そして第4に，外国（日本本土を含む）からのビールの輸入が規制される代わりに，貿易自由化が推進されたため，オリオンビールにとっては当初の期待を裏切られる結果となった。

変化を創造する

こうした厳しい環境の下，伸び悩んでいた売上業績を改善すべく，2つの基本的な対策が講じられた。第1に，「絨毯爆撃戦略」「夜間爆撃」などとよばれた人海戦術である[19]。ある日，宗精を中心に販売作戦会議が開かれ，300件ほどの飲食店がひしめく那覇市桜坂の繁華街を突破口として，経営陣も含む全社員が一丸となり主要顧客である料理店，バー，スナックなどを訪ね，オリオンビールの認知度を上げるとともに商品の販促活動を展開することが決められた。人海戦術は，昼に商談に行き，これが不成立の時には夜も訪問するという形ですすめられたが，商談成立率は夜のほうが高いので，宗精は自ら夜の街にくり出すとともに，従業員にたいして夜の販促活動をさらに強化するよう命じた。この点について，「店主がどんな反応を示し，滞店中にどんな客が来て，どんなビールを飲んでいたかを，細大漏らさず直接自分に報告するよう具志堅社長は厳重な指示を出した」[20]。

そして，人海戦術にくり出した翌朝は，前日の調査結果を総括するとともに，その日の作戦を決めるべく御前会議が開かれた。そこで従業員からの報告をうけた宗精は，夜の販促活動の際に見かけた客が知名士でオリオンビールを贔屓にしていないことがわかると，その人物に自ら電話をかけ，オリオンビールにたいする愛顧を願い出たのだった。

第2に，オリオンビール販売の設立である。この販売会社は，従業員が調査してきた情報を参考に，オリオンビールのみの受注配送を行うため1960年6月に設立された。琉球アスファルト常務だった座間味庸真が社長に就任し，前述した代理店5社，本社からの出向社員によって運営された。座間味は，「ビール企業は沖縄人の企業経営の能力のテストでもあるといわれております。従ってオリオンビール企業の成否は沖縄の全企業，産業経済界の大きな課題にむすびつくものといえましょう」[21]と述べた。

宗精の企業観

　宗精は，具志堅味噌，オリオンビール，オリオンビール販売以外にも，天ぷら油などの製造販売を行う琉球製油（1956年），アスファルトコンクリートの製造販売を行う琉球アスファルト工業（1957年），ジレット製品やコルゲート製品の代理店である全琉球商事（1961年），米の輸入販売を行う赤マルソウ商事（1963年）など数多くの企業を設立してきた（括弧内は設立年）。

　彼は，自分の企業観を次のように述べた。すなわち，「営利企業はあくまでもうからなければいけない。利益のない事業は失敗に終わるのは理の当然で，営利事業は利潤を挙げるのが最終目的である……。……利益というものは企業を軌道に乗せたとき自然に生み出されてくるものであり，利益があってこそ企業は永続するものであるが，利益をろう断するところには企業の意義はない。……また，いくら優秀な製品を出しても，一般住民が買って下さらなければどうにもしようがない」[22]と。

　さらに，「人，金，物といっても，金や物は単なる資金であって，人こそほんとの宝であり，資本である。……人を愛し，社会を愛し，若い人材の登用を心がけて，社会福祉の向上のために，

微力を尽くしていきたいと念願している」[23] とも述べた。実際に宗精は，1958年から沖縄社会福祉協議会会長をつとめ福祉事業に尽力してきた。企業の利益を従業員，株主，資本蓄積，社会福祉のあいだで共有するという利益の四分主義という価値を唱え，産業発展と福祉の促進に貢献してきたのである。

現在もオリオンビールは，沖縄のアイコン——たとえば，泡盛，アグー，シーサー，あっちゃんの塩，かりゆしウェアなど——の1つとして沖縄にとって不可欠な存在となっている。それは，経営者を中心としたマーケティングの取り組みもさることながら，毎日「官能検査」を行うことで，味と品質を保つための努力を継続してきた現場の取り組みがあってこその成果とみなされよう。さらにこの会社は，「ビール大学」や工場見学などをつうじて地域社会とのつながりを大切にすることで，「沖縄といえばオリオンビール」といったアイコンへと化していったのだろう。

フォーシーズンズ・ホテルズ・アンド・リゾーツのイサドア・シャープ

会社の設立

フォーシーズンズ・ホテルズ・アンド・リゾーツ（以下，フォーシーズンズ）は，イサドア・シャープによってカナダのトロントを拠点として1960年に設立された[24]。現在では，35カ国に86ものホテルをチェーン展開する[25]。シャープは，カナダのライヤソン大学建築学科を卒業した後，父親の建設会社で働き，モーテルの設計を手掛けたことで自分のホテルを経営したいと考えるようになった。そして1961年，トロントのダウンタウンで125部屋のフォーシーズンズ・モーター・ホテル（Four Seasons Motor

Hotel）を開き，「すべてのお客様を特別なゲストとしてもてなす」という方針が採用された[26]。

ビジネス・モデルの新結合

当時のホテル業で一般的なビジネス・モデルとしては，施設は最低限の200室未満の小型ホテル，そして750室以上の大規模複合型ホテルといった2つのタイプがあった。シャープは，第4のホテルであるフォーシーズンズ・シェラトン（Four Seasons Sheraton）を開業した後，そうした2つのビジネス・モデルを組み合わせて新しいビジネス・モデルをつくろうとした。すなわち，際立った質をほこる中規模ホテルによって，ビジネス・パーソンを引きつけられるくらい充実した施設と，温かい接客や親しみをこめたおもてなしとを組み合わせるという新しい試みだった。

実は，高級施設と上質なサービスの新結合の可能性については，第3のホテルであるイン・オン・ザ・パーク・ロンドン（Inn on the Park London）で実現できることを学習した。しかし中規模ホテルは，大規模ホテルに匹敵する高級施設を，大規模ホテルより少ない客室数で維持していくうえで，中規模な競合と同一水準の価格を設定していたのでは，高い収益を期待することができなかった。そこで，競合よりさらに上質なサービスを提供することで，競合より高めの価格設定を試みようとした。

そこでシャープは，他のホテルにはない上質なサービスとは何かについて考え，家やオフィスにいるときと変わらないサポート体制によって高級感を演出するという解にたどりつく。そのために，フォーシーズンズが用意した要素は，以下のようなものである。すなわち，シャワールームのシャンプーの設置，24時間利

用可能なルームサービス,バスローブ・ドライヤー・化粧台の各室での設置,翌朝仕上げのクリーニングサービス,大型デスクの設置,そして24時間利用可能な事務機器などである。

さらにシャープは,ローカル適応を強調した。つまり,設備・サービスの基準を統一して世界各国にあてはめる代わりに,地域性にあわせた設備・サービスの基準づくりに注力することにした。それによって,地域市場の競争条件・慣行を深く理解することができ,有効なローカル適応を実現した。さらに彼は,所有なき経営というビジネス・モデルに固執した。すなわち,投資会社にホテルの所有を任せる代わりに,フォーシーズンズは長期契約をつうじたホテル事業の経営を行うことに特化した。ビル・ゲイツ(Bill Gates),アル・ワリード・ビン・タラール王子(Prince Al-Waleed bin Talal)などがホテルの所有に関与している。

とくにアル・ワリード王子は,1996年12月にジョルジュ・サンク(George V)を買収していたが,1997年11月にはフォーシーズンズと経営契約を結んだ。つまり,彼の支配するキングダム・ホールディング・カンパニー(Kingdom Holding Company)が所有を,フォーシーズンズが経営をになうこととなった。ジョルジュ・サンクは,すでに高級ホテルとして認知されていたものの,設備とサービスをフォーシーズンズの基準に引き上げる必要があった。そこで,フランス人デザイナーのピエール・イブ・ロション(Pierre-Yves Rochon)を採用し,客室数を300から245に減らす代わりに1部屋あたりの広さを拡張した。他方でタイユバン(Taillevent)からシェフのフィリップ・ルジャンドル(Phillipe Legendre)を引き抜き,2003年にはミシュラン(Michelin)の3つ星を獲得するにいたった。

ケイパビリティ移転の重要性

とくに，カナダを拠点とするホテルがフランスで事業展開をする際，これまで培ってきたケイパビリティ —— とくに上質のサービスと組織文化（組織内で共有された特有の価値）—— を上質のサービスと組織文化をどう移転するかが問題となった。第1に，フォーシーズンズは，SMILE（宿泊客の歓迎），EYE（アイコンタクトの利用），RECOGNITION（宿泊客の名前のよびかけ），VOICE（自然かつ丁寧な口調），INFORMED（ホテルとそのサービスの情報提供），CLEAN（清潔さと心地よさのアピール），EVERYONE（常時，宿泊客への適切なケアを心がける），といった7つの国際サービス文化基準をもつ。

第2に，フランスの規制にしたがい，ジョルジュ・サンクにつとめていた従業員にかんして，彼らが退職を願い出ない限り，彼らを雇用し続けなければならなかった。しかし，彼らのなかでもすぐれた人材は他に職を見つけていたこともあり，1万人近い応募者のなかから厳格な選抜を行い，以前から継続的に採用されることになった従業員よりも多い数の，基準を満たした新しい人材が採用された。

第3に，フォーシーズンズの文化を知りつくしているだけでなく，フランス出身でもあったディディエ・ル・カルベ（Didier Le Calvez）がゼネラル・マネジャーとして選ばれた。そして，彼をサポートしフォーシーズンズの文化を確立すべく，35人からなるタスクフォースがジョルジュ・サンクに送り込まれた。結果的に，1999年12月にフォーシーズンズ・ホテル・ジョルジュ・サンク・パリ（Four Seasons Hotel George V Paris）は，成功裡にリニューアルオープンをむかえることができた。

事例研究についての注意

　ここでは，とくに第2の事例であるオリオンビールに焦点をあてよう。オリオンビールの具志堅宗精は，『なにくそやるぞ』（琉鵬会，1965年），『續なにくそやるぞ』（琉鵬会，1969年），『續續なにくそやるぞ』（琉鵬会，1977年）といった一連の自叙伝を発表してきた。彼の自叙伝も含め，一般的に企業の経営者，企業家，政策担当者などの名前を冠して発表されるさまざまな種類の文書は，企業経営，事業の確立，産業発展などに携わった自分の経験・教訓・反省について過去を回想する形でまとめられる。そのため，実際に出来事が生じた時点と文書を執筆する時点とのあいだには，自ずと時間のずれが生じざるをえない。

　だがこうした時間のずれは，事実の信憑性という問題を生み出すかもしれない。第1に，時間とともに忘却が生じ，薄れゆく人間の不正確な記憶にもとづいて過去の記述が行われるため，文書に含まれた情報が事実から乖離してしまうという問題である。実際，われわれの記憶は不完全である，つまり記銘，保持，想起といった記憶のプロセスが完全に働くわけではないため，時間の経過とともに不可避的に忘却が生じてしまう。

　しかも厄介なことに，個人の記憶にとどまらず，社会における人々の集合記憶ですらも時間とともに消えていってしまう。ある意味で記憶は，さまざまな人々が特定の社会の環境のなかで実践するコミュニケーションとして理解できる。しかし，自叙伝をつうじた経営理念の移転，記念碑・銅像の設置をつうじた偉業の顕彰，ナラティブの場をつうじた伝統の継承などによって，他者とともに記憶の共有・想起を行うとしても，過去をありのままの完

全な形で復元することはできないだろう。

　第2に，人間は，事実を脚色してよりよくみせたいという意図とともに，実際にそうした脚色を行う能力をもつため，ある出来事が生じた時点から何らかの文書が発表されるまでの経過時間が長くなるにつれ，それだけ経営者も，自分にとって好都合な形で事実を歪曲する機会にめぐまれることになるばかりか，この過程により多くの人々が参加する機会が増すと考えられるため，事実が歪曲される程度がいっそう高まってしまうという問題がおこりうる。

　この問題は，本音と建前といった形で顕在化することもあろう。たとえば，この点でいえば，オリオンビールの元企画調査課長が述べたように，「具志堅氏の経営姿勢の建前は＜楽も苦しみも皆共に＞と見せかけの和を強調したが，本音としては社員同志仲良くまとまっているのが嫌いであった。仲良くまとまられると皆が結束して，自分に何か難題を持ちかけて来るかも知れないという不安と，また社員は手柄争いをさせないと活力がないと考えていた」[27]。

　したがって**事例研究**は，そうした事実の信憑性にともなう問題をともなうことを認めたうえで，類推的推論をつうじて新しい経営を実践するための**メンタル・シミュレーション**として位置づけておけばよい。一般的にわれわれは，経営者として会社経営に携わり直接学習を行うことができないため，他者の経験を事例として凝縮した成果から間接学習できるのがせいぜいである。あるいは，経営者からその経験についての話をきくことで，経営の実践について想像力を磨いていくしかないだろう。

組織とは何か

コーディネーションとモチベーション

われわれは，合理的に行動しようとしても不十分にしかできないという**限定合理性**，そして他者とのあいだでそれぞれがもつ情報に格差があるという**情報の非対称性**といった制約からのがれられない。したがって，会社という組織のなかで日々生じている問題についてすべてを知りつくすことはできない。同じ事柄についてさえ，知っている内容は人によってそれぞれ異なっていよう。

かといって，われわれはまったく無力だということにはならない。社会に広く分散した多様な知識を利用したり，他者にたいして自分の代わりに働いてもらえるようインセンティブを与えることもできる。たとえば，われわれはレストランに食事に出かけたり，デパートに買物に出かけたりする際，他者が市場で提供しているサービスに依存する。平たくいえば，われわれは，市場という大きな組織のなかでさまざまな仕事を分業している。

ジョン・ロバーツ（John Roberts）によれば，組織とは，**コーディネーション**（調整）と**モチベーション**にかんする工夫である[28]。組織では，知識以外にも有形・無形のさまざまな資源が必要とされ，これらを活用して1人では実現できない大きな目標が達成される。そのために，さまざまな人々の意思決定・行動を何らかの方向へと調和させる必要があるし，その見返りとして彼らにたいして報酬を与える必要もあろう。たとえば柳井正は，ファーストリテイリングのCEOだからといって，1人でヒートテックやフリースをつくれるわけでもなく，株主や銀行が供給する物的資産，従業員が提供する人的資産がなければ，製品を生産する

ことはできないだろう。

　つまりわれわれは，他者がもつ資産，彼らが提供する財・サービスに少なからず依存せねばならないため，他者との相互作用は避けて通ることができない。会社という組織では，CEO がいて，事業部を統率する事業部長がいて，彼らの下で働く従業員がいて，その会社に物的資産を供給する株主，その会社が供給する財・サービスを需要する顧客などがいる。会社では，それぞれのメンバーが実行すべき役割を分担している。そして，それぞれの役割を相互に関連づけてメンバーの働きがうまくまとめられている。つまり組織では，多様な役割を分担するという分業に加え，それらのあいだにまとまりを生み出すというコーディネーションが行われる。

3つの組織形態

　組織形態は，そうした分業とコーディネーションのための形態だとみなされる。組織形態の進化は，環境変化によって促されることになろう。その根底には，人々による試行錯誤がある。会社では，環境変化の只中で生じるさまざまな問題の敏速な発見・解決を実現していかなければならない。その際，いかにして人々の知識を有効に利用し，そのために彼らにいかにしてインセンティブを与えるのだろうか。まさに組織形態は，これらの問題にたいする解として進化を遂げたといえよう。

　会社という組織は，劇的に変化する環境のなかで人々の知識を有効に利用し，彼らに適切なインセンティブを与えるよう，さまざまな組織形態を進化させてきた。組織形態は，人々のあいだで役割を分担するという分業と，それらを相互に関連づけていくというコーディネーションのための制度である。しかも，会社のピ

ラミッドを上にのぼっていくにつれて，自分が関与する特定のサブユニット（たとえば，事業部，カンパニー，部門など）に集中する狭い視野ではなく，むしろ組織全体を俯瞰する広い視野が求められるようになる。すると今度は，職務をサブユニットへと束ね，組織形態をつくることに多くの資源を費やさねばならなくなる。

したがって会社の経営者は，タスクから職務へ，職務からサブユニットへ，といった流れにそって組織形態を設計せねばならない。もちろんその際，サブユニット内の活発な知識移転を促進するのはもとより，サブユニット間で活動をコーディネートすることによって，組織の全体最適を追求する必要がある。このように，職務をサブユニットに束ねる組織形態として，3つの基本形がある。第1に，機能（職能）によって職務を束ねる**U型組織**（機能別組織）である。第2に，製品（事業）や地域によって職務を束ねる**M型組織**（事業部制組織）である。第3に，これらの組織形態を重ね合わせ，機能の問題と製品ないし地域の問題とを同時に解決しようとする**マトリクス組織**である。

会社の経営者は，職務をサブユニットに束ねて組織形態をつくらねばならない。そうした組織デザインは，自社の既存の組織形態や他社の組織形態に依拠する形で行われる。組織デザインで重要な点は，組織のメンバーによる問題認識，問題解決を可能にするよう仕事をルーティン化し，それでは対応できない問題をヒエラルキーの上層で処理するという官僚制の基礎を構築することである。そこでは，組織形態の基本形を修正していくことが求められる。たとえば，U型組織とM型組織の中間形態としての一部事業部制，および事業単位（BU：ビジネス・ユニット）の束ね

方を変更した事業本部制が挙げられよう[29]。

組織文化とリーダーシップ

組織文化は,組織の言語,ルール・規範,神話,伝説,そして儀礼などから構成され,組織メンバーにとって判断基準・行動指針となる**フォーカル・ポイント**(焦点)として機能する。それは,組織メンバーのアイデンティティを創造することによって,特有の認知・行動を導く制度である。組織文化には,外部から観察できる可視性,多くのルールによって構成される深さ,組織にはルールにかんする合意があるという整合性,そして戦略との適合性といった性質がある[30]。組織文化は,古い世代から新しい世代へと継承され,組織内で共有された特有の価値とみなされる。

しかも,そうした世代間の価値の継承は,会社のなかで経時的かつ集団的に行われる。たとえば,自動車生産のノウハウを知っているのは自動車会社なのであって,そこで働く特定の個人・集団ではない。さらに,その会社においてどのような行動が望ましいか,そしてどのように行動すべきか,といった判断基準・行動指針についても,特定の個人・集団に属しているわけではない。この点で,会社は時間をつうじて組織文化を持続的に貯蔵し,移転する役割をはたしている。

組織文化は,共有された単なる情報というより,むしろ共有された思考・行動枠組である。会社の人々に学習の方法や言語などを提供することによって,彼らの学習を促進し,組織の生産性を左右する[31]。要するに組織文化は,問題に直面したときにどのように考え,そしてどのように行動してそれを解決するか,といった学習の枠組だといえる。会社を含めて一般的に組織は,時間をつうじて価値の蓄積・発展を図るとともに,世代間で思考・行動

の仕方を継承していく。

　有効な組織文化は，シンボルとして組織の人たちの協力を引き出すとともに，彼らに認知的な枠組を提供する役割をはたすといわれてきた[32]。経営学の分野において，チェスター・バーナード（Chester Barnard）は「近代組織論の父」として広く知られる。彼は，経営者として培った実務経験を，経営学者として組織論を構築する際の基礎としたのである[33]。つまり彼は，理論と現実の相互作用という実学の意味を，身をもってわれわれに示してくれた。

　彼によれば**リーダーシップ**とは，信念を創造することによって人の協力的な意思決定を鼓舞する力である。信念というのは，組織の人たちが物事について理解を共有しているという信念，組織が成功するという信念，個人のモチベーションが満たされるという信念，組織における権限にたいする信念，そして個人の目的よりも組織の目的を優先するという信念のことである。要は，組織において人々の協力を促進するような文化を創造することが，リーダーシップにほかならない。

　組織文化の起源を考える際，そもそも会社が起業家のビジョンを実現するために存在することを想起せねばならない。つまり起業家は，自分1人では実現できないビジョンを他者と共同で成し遂げるために会社を創業したのである。そうしたリーダーシップは，コミュニケーションをつうじてビジョンを彼らに理解させるのに不可欠である。さらに，起業家が提示したビジョンは，会社が実行すべき活動と実行すべきでない活動の線引きを左右することになろう。この意味で，企業境界はビジョンによって決定されるといえよう。たとえば，技術者のための理想工場の建設をビ

ジョンとしているソニーが、マクドナルドやモスバーガーに対抗して、ハンバーガーを売り出すようになるとはとうてい想像しえない。

会社は、ビジョンを実現するために具体的な方法を決定し、長期的な広い視野で意思決定をせねばならない。そうした方法や意思決定が戦略である。自社が実行すべき活動を決めたとしても、次にそれをどのように実行するかを決めねばならない。人々がよく知る大企業ですら、必要なすべての資源を自社内でまかなうことはできず、少なからず市場に存在する他の会社、下請業者などにたよっているのが実情である。しかも、会社の資源・ケイパビリティは、過去にどのような事業を行ってきたかによって制約される。したがって、会社が蓄積してきた既存の資源・ケイパビリティと、ビジョンの実現に向けた将来の事業展開に必要とされる資源・ケイパビリティとのあいだにはギャップが存在する。このギャップをどう埋めるかが、戦略的には重要な意味をもつ。

組織デザインの基礎概念

組織をつくる

組織デザインは、資金調達の仕方、委員会の設置、タスク配分の仕方、報酬・制裁の仕方、儀式のあり方、ターゲットとすべき顧客や市場セグメント、従業員に要求するスキルの種類・幅、そして在庫管理の仕方など、戦略、ビジネス・モデル、ガバナンスなどにかかわる実に多岐にわたる問題である。それぞれにかんする選択をどのように組み合わせ、整合性のある全体をつくり出すという組織デザインの問題を考える際、補完性、選択集合の非凸性、そして目的関数の非凹性といった3つの基本概念を理解して

おく必要がある[34]。

　第1に、**補完性**はある財・サービスの組み合わせを考えた場合、相互にその価値を高めあうような関係である。たとえば、パンとバターの組み合わせを考えよう。パンだけを食べた場合にえられる満足度、そしてバターだけを食べた場合にえられる満足度をたした場合よりも、パンにバターをつけて食べた場合にえられる満足度が大きければ、パンとバターは補完的だとみなされるだろう。それでは、こうした考え方を組織デザインの場面にあてはめてみると、ある要素の組み合わせ——たとえば、自動車の生産システムのフレキシビリティと製品ラインの幅——を考えた場合、一方を増やすことによって他方を増やすことが有利になるのであれば、これらの要素のあいだには補完性があると考えられる。

　トヨタ、ホンダなどの自動車メーカーは、生産する車種を変更する際の段取り替えを即座に行うことができれば、その生産システムのフレキシビリティは高い。より多くの車種を扱う形で製品ラインの幅を広くするのであれば、フレキシビリティを大きくすることが有利だろう。また、現場労働者の訓練によって多能工化をめざし、より多くのスキルを身につけさせてフレキシビリティを大きくするのであれば、車種を増やして製品ラインの幅を広くすることが有利だろう。反対に製品ラインの幅を狭くして車種をしぼりこむのであれば、フレキシビリティを大きくする価値はなくなってしまう。

　実際にトヨタでは、高いフレキシビリティと広い製品ラインという補完的な組み合わせを実現してきた。カイゼンを重視する組織文化の下で訓練をうけた多能工が1本のラインで数百種類にも

及ぶ製品を生産してきた。これにたいして，自動車王ヘンリー・フォード（Henry Ford）が創業したフォード（Ford）では，黒いモデルTにしぼりこみ，その生産に特化した低いフレキシビリティのベルトコンベアを設置していた。フォードは，こうした少品種大量生産によって低コスト化をめざしたのである。

第2に，会社が何らかの選択を行う場合，その選択肢を無限に分割することができないという**選択集合の非凸性**である。つまり，フォードがモデルTの大量生産に向けてベルトコンベアを設置したとき，その台数は0台以上だったはずである。ベルトコンベアを設置しない場合を含めれば，ベルトコンベアの台数は非負整数になるのであって，0.43台や15.778台といった中途半端な台数の設置は不可能なのである。

第3に，**目的関数の非凹性**である。会社は，さまざまな選択を組み合わせて高業績を実現するという目的をもつ。選択と業績の関係は，目的関数によって示される。ここでは，話を簡単にするために，企業は生産量の選択しか行っていないと仮定しよう。目的関数が凹型である場合，それは業績を最大化する最適生産量が1点だけ存在することを意味する。つまり，業績を最大化する一意の最適選択が存在する。だが，そうした目的関数の凹性は非現実的な話であり，より現実的にいえば，最適ではないが相対的に望ましい複数の選択がありうる。目的関数の非凹性は，そうした現実を適切に反映した考え方なのである。

目的関数の凹性を前提とすれば，グローバル経済には最適な組織のあり方が1つだけ存在することになる。しかし，フェラーリとトヨタの組織，あるいはジョン・ルイス（John Lewis）と髙島屋の組織は，けっして同じだとはみなされない。企業は異なった

戦略を選択し，それぞれ異なった組織を発展させている。その結果，それぞれ異なる歴史をもつ[35]。そうした会社の多様性を理解するには，目的関数の非凹性を前提にしたうえで会社の全体的制度配置（組織アーキテクチャ）に焦点をあてる必要がある。

組織デザインにおけるトレードオフ

さらに，さまざまな選択を整合的に配置するという組織デザインにおいて，3つのトレードオフに注意を払う必要がある。**トレードオフ**とは，ある選択を追求すると他の選択を犠牲にしなければならない状況をさす。

第1に，組織を構成する要素間の結びつきが強いか，あるいは弱いか，というトレードオフである。結びつきが強いシステムである**タイト・カップリング・システム**では，ある選択を変えた場合にそれにあわせ他の選択も変えねばならない。これにたいして，結びつきが弱いシステムである**ルース・カップリング・システム**では，ある選択を変えたからといって他の選択を変える必要はない。たとえば，**モジュール型システム**に特徴づけられるPCのように，特定のメーカーの仕様にしばられることなく，USBでさまざまなメーカーのモニタやプロジェクタなどを自由に組み合わせることができる。

むしろ問題は，タイト・カップリング・システムのほうだろう。この場合，強く結びついたさまざまな要素間のコーディネーションが必要になる。たとえば，アメリカの企業家だったグスタバス・スウィフト（Gustavas Swift）は，処理した精肉を効率的に輸送するためのネットワークをつくった際，さまざまな要素を擦り合わせながら変えていく必要があった。このように，コーディネートされた変化はシステム的変化とよばれる。元々，生き

たままの畜牛を家畜車で運ぶのが当時の業界の一般的な慣行だったが，輸送中に多くの畜牛が死んでしまい，しかも1頭の大部分は食用に適さなかったため廃棄処分にされていた。この事実を発見したスウィフトは，処理した精肉を輸送するための冷蔵貨車をつくり，新しいシステムの実現に向けて，従来の肉の流通の仕方を当然視していた卸売業者，鉄道会社などの人々の認知・行動を相互にコーディネートせねばならなかった[36]。

第2に，他者の利益を考慮に入れて共通目的のために行動するという**協力**か，あるいは自分の個人的な目標・責任を追求するという**イニシアチブ**（進取的精神）か，というトレードオフである。われわれは，会社のなかで他の人たちと一緒に仕事し，それぞれの業績は相互に影響を及ぼしあっている。こうした外部性が存在する場合，ある人の業績を他の人の業績から完全に切り離し，客観的に評価することは困難だろう。

ところで日本では，個人のイニシアチブを促進するという名目で成果主義を導入してきた会社も少なくない。しかし，その実質的な目的は，人件費の抑制にあったといえよう。個人の業績を数字で測定する定量評価は，個人による近視眼・秘密主義といった望ましくない傾向を助長し，会社内でのケイパビリティの共有・移転といった協力の要素を犠牲にしたようにみえる。

結果的に，会社という組織のつながりは破壊され，入社して間もない従業員が少なからず退職するような悪しき傾向が助長されたのではなかろうか。さらに，成果主義とともに導入された組織の分権化によってミドル・マネジメントの数が減らされ，彼らが成果に追われ，若い部下の教育を怠った結果，若い部下は必要なケイパビリティを獲得できぬまま，その会社で働く魅力を感じる

ことができず,短期間で退職するようになったと考えられる。成果主義の失敗話は,イニシアチブと協力のトレードオフをうまく物語っていよう。

そして第3に,既存の事業機会を掘り下げていくという発掘か,あるいは新しい事業機会を開発するという探査か,というトレードオフである。会社は,既存事業において業績を向上させるだけでなく,新しい製品・事業にかんするイノベーションをも実現せねばならないというマルチタスク問題を抱えている。発掘と探査という2つの異なるタスク(マルチタスク)を同時追求する会社は,それぞれのタスクにたいして適切なインセンティブを与えなければ,従業員は一方のタスクを強調して他方を無視するようになる。会社がそうした**マルチタスク問題**を解決するうえで,文化は重要な意味をもつ。つまり従業員は,会社と一体化してその価値にしたがってさまざまなタスクに努力することが求められる。

経営者は,経営の理念・哲学とでもいうべきビジョンを明確化するとともに,それにもとづいて企業境界の決定と組織アーキテクチャのデザインを実行する。そして,組織デザインのトレードオフを認識し,企業家精神を発揚してブランドの発展に寄与しなければならない。ブランドとは,単なる会社やその製品の名前というより,会社の全体的な価値を要約したシンボルだといえる。顧客は,そのシンボルをつうじてその会社の製品・サービスの質を判断し,会社間の違いを認識できるようになる。

経営者は,企業家精神を発揚して戦略を策定し,それを実行するための組織をつくる。その際,価値創造・価値獲得のためのビジネス・モデルが重要な位置を占めることはいうまでもない。創

造された組織は，特定の環境のなかで適切な仕方で適切な製品・サービスを提供することで社会から支持をえられれば，競争優位を確立して他社よりも大きな収益を獲得できよう。競争優位の確立・持続にとって，ビジョンに集約される経営者の認知・行動，会社が行うべき活動，行うべきではない活動を表す企業境界，そして選択の全体的配置としての組織アーキテクチャが重要な意味をもつ。

さまざまな選択のあいだの適合とともに，それらと環境との適合も実現せねばならないという全体的な組織デザインは，経営者，組織の人々の創造性を要する困難な課題だといえる。しかし，複雑で他社にとって模倣が難しい組織デザインであればあるほど，競争優位を持続できる公算は高いだろう。だが，誰にも真似できない組織を持続させるには，環境変化を機敏にとらえ，たえまなく変化を生み出していけるようなダイナミック・ケイパビリティが必要になる。つまり環境変化は，ある時点では適していた物事の仕方を陳腐化させてしまう。

こうして環境変化に直面した会社は，資産の再配置を実現せねばならないが，天性の類まれな才能で変化を主導しうるカリスマ的リーダーをもつとは限らない。たとえばホンダの藤沢武夫は，本田宗一郎というカリスマ的リーダーに代替しうるような，普通の経営者が集団的に意思決定を行える組織デザインを志向した。カリスマも人間である以上，やがて死んでしまう。会社は，カリスマ的リーダーシップに依存せずとも，組織イノベーションを達成できるような適応力のある個人・チームを育成しておかねばならない。そうでなければ，持続可能性を持続することはできないだろう。

組織イノベーションとリーダーシップ

　ウィリアム・ボーモル（William Baumol）がいうように，企業家は，組織の人々を鼓舞しながら導き，物事を型にはめることなく新しい物事の仕方を追求する[37]。**企業家精神**は，新しい物事の仕方を生み出すというイノベーションを実行することである。他方，ジョン・コッター（John Kotter）は，リーダーシップが組織の人々・文化に働きかけて機能するものであり，変化を導く原動力だと論じている。リーダーは，会社における複雑でインフォーマルな人間関係をうまく扱いながら組織を動かし，変化を重視する組織文化を創造せねばならない[38]。したがってリーダーシップと企業家精神は，どちらも変化と深い関係をもつ。

　しかし重要な点は，経営は，リーダーシップや企業家精神とは明確に区別されることである。コッターは，経営が複雑な環境に対処することであって，変化を推進するリーダーシップとは異なると述べた。つまり**経営**は，計画の策定，組織化，そしてコントロールによって特徴づけられるのにたいして，**リーダーシップ**は，変化のビジョンと戦略，人心の統合，そして動機づけと啓発によって特徴づけられる。もちろん，組織をうまく動かすためには，経営とリーダーシップの両方が必要とされよう[39]。

　組織イノベーション（**組織革新**）という変化をうまく実現するためにも，経営とリーダーシップの両方が必要になる。しかも組織イノベーションは，古いルーティンの破壊と新しいルーティンの創造を意味する。だが変化とは，過去を全否定したうえで古いルーティンを完全に破壊し，物事を白紙状態に戻すことではない。むしろ，変化の足がかりとなるルーティンを見極め，それを

活用するとともに組織全体をまとめるという見地から,新しいルーティンを創造していかねばならない。ここでは,第1章で述べた統合思考を想起する必要がある。

コッターは,組織イノベーションのプロセスを示すための寓話を発表した。そこでは,組織の危機意識を高める,変化を推進するチームの編成,変化のビジョンの提示,変化のビジョンの共有,変化に向けた環境整備,早期段階での成果の実現,変化の手をゆるめない,そして新しい仕方を文化として根づかせる,といったプロセスが示された[40]。

この寓話は,ペンギンたちが生活するコロニーのある氷山を舞台として展開される。その氷山は,彼らが知らないあいだに溶けており,やがて崩れてしまうおそれがあった。今そこにあるこの危機に気づいた1羽のペンギンは,仲間たちにこのことをわかってもらおうとするが,あいにく彼らは変化にたいして鈍感だった。この寓話は,カリスマ的リーダーがいなくても組織イノベーションは可能だということを示した。組織の人々のあいだで集中的なコミュニケーションを実現し,一枚岩の変革チームを組織化できるのであれば,カリスマ的リーダーに匹敵するほどの強大な力を発揮しうる。

ポスト3.11時代をむかえた日本で,一部の政治家,一部の官僚,一部の経営者などにみられる変化にたいする鈍感さは,国の存続を危険にさらしかねない。平時の成功モデルに縛られ,危機時において適切な意思決定ができない人たちに,リーダーシップを求めることはできまい。彼らにしてみれば,過去の状態を守り,現在をそのままの状態に凍結させて未来に受け渡していくことが秩序の維持なのかもしれない。しかし危機時においては,も

はや平時の成功モデルが成功をもたらすとは限らない。

　だが，われわれは有権者として，自分たちの生活の安全を脅かしかねない不適切な意思決定しかできない一部の政治家から，その職を剥奪する力をもっているはずである。しかしそうした政治家が，自分の選挙区以外から立候補しているとすれば，彼らにたいして影響力を行使することはできない。さらに影響力を行使できないという点では，地域独占のためにわれわれの選択の自由を損なっている電力会社，さらには選挙ではなく試験で選抜される官僚にもあてはまるだろう。彼らのなかに，意図的ではないにせよ，不適切な意思決定によりわれわれの生活を危険にさらしかねない人たちがいるとすれば，彼らの認知・行動を修正させる，最悪の場合には市場，既存の組織から退場してもらうための仕組が必要なはずである。しかし，あいにく日本という国では総じて，そうした影響力を行使するための仕組であるガバナンスがうまく機能していない。そこで次章では，資本主義とガバナンスの問題に焦点をあててみたい。

トーク・テーマ

- グリー，DeNA などは，ソーシャルゲームのコンプリートガチャ（コンプガチャ）とよばれるビジネス・モデルを，成功しているにもかかわらず廃止することになった。このビジネスモデルについて考察しよう。
- イサドア・シャープの意思決定を，第1章で紹介した統合思考の観点から考察してみよう。
- 組織イノベーションに成功した会社，失敗した会社を取り上げ，組織イノベーションをうまく実現するために必要な条件について考え

てみよう。

さらに深く学びたい人へ

★ジョン・ロバーツ（谷口和弘訳）『現代企業の組織デザイン ── 戦略経営の経済学』NTT出版，2005年の第1章を読んで，ロバーツの組織観について議論しよう。

🍎英語での学習に向けて（★の英語版）

John Roberts (2004), *The Modern Firm: Organizational Design for Performance and Growth*. New York: Oxford University Press.

参考文献

1 小林一三（1954）『私の事業観』要書房，p.15。
2 三神良三（1983）『小林一三・独創の経営 ── 常識を打ち破った男の全研究』PHP研究所，p.168。
3 三神（1983, p.167）。
4 三神（1983, p.175）。
5 以上については，三神（1983, pp.196-198）を参照。
6 三神（1983, p.206）。
7 五島慶太（1953）『七十年の人生』要書房，pp.40-41。
8 五島（1953, pp.70-71）。
9 東京急行電鉄（1982）『東急外史 ── 顔に歴史あり』東急沿線新聞社，p.28。
10 東京急行電鉄（1982, p.36）。
11 http://www.akamarusou.co.jp/corp.html を参照。
12 和田耕作（1993）「オリオンビール ── 沖縄ビール産業を興した具志堅宗精」牧野昇・竹内均監修『日本の「創造力」近代・現代を開花させた四七〇人 ── 第13巻瓦礫からの再出発』日本放送出版協会，pp.271-279。
13 オリオンビール株式会社創立40周年記念社史資料収集委員会（1998）『オリオンビール40年のあゆみ』オリオンビール株式会社。
14 オリオンビール株式会社創立40周年記念社史資料収集委員会（1998）。
15 具志堅宗精（1977）『續續なにくそやるぞ』琉鵬会。
16 『琉球新報』（1957年3月1日付：括弧内著者）。
17 オリオンビール株式会社創立40周年記念社史資料収集委員会（1998, p.14）。
18 オリオンビール株式会社創立40周年記念社史資料収集委員会（1998）。

19 花岡惠林（1984）『ああ！オリオンビール —— 社員に酸素を吸わせなかった勇将の悲劇』月刊沖縄社。
20 花岡（1984, p.35）。
21 オリオンビール株式会社創立 40 周年記念社史資料収集委員会（1998, p. 38）。
22 具志堅宗精（1965）『なにくそやるぞ —— 自伝』琉鵬会, p.202。
23 具志堅宗精（1969）『續 なにくそやるぞ —— 祖國へ訴へる』琉鵬会, p. 206。
24 以下については，主に Roger Martin（2007）, *The Opposable Mind: How Successful Leaders Win Through Integrative Thinking*. Boston, MA: Harvard Business School Press.（村井章子訳『インテグレーティブ・シンキング —— 優れた意思決定の秘密』日本経済新聞出版社, 2009 年），および Alan Verbeke（2009）, *International Business Strategy*. Cambridge: Cambridge University Press に負う。
25 http://www.fourseasons.com/about_four_seasons/を参照。
26 http://www.fourseasons.com/about_four_seasons/1960_to_1969/を参照。
27 花岡（1984, p.145）。
28 John Roberts（2004）, *The Modern Firm: Organizational Design for Performance and Growth*. New York: Oxford University Press.（谷口和弘訳『現代企業の組織デザイン —— 戦略経営の経済学』NTT 出版, 2005 年）。
29 沼上幹（2003）『組織戦略の考え方 —— 企業経営の健全性のために』筑摩書房，および沼上幹（2004）『組織デザイン』日本経済新聞社。
30 Colin Camerer and Ari Vepsalainen（1988）, "The Economic Efficiency of Corporate Culture," *Strategic Management Journal*, 9, pp.115-126.
31 Geoffrey Hodgson（1996）, "Corporate Culture and the Nature of the Firm," in J. Groenewegen *ed*., *Transaction Cost Economics and Beyond*. Boston, MA: Kluwer Academic Publishers, pp.249-269.
32 W. Richard Scott（1955）, "Symbols and Organizations: From Barnard to the Institutionalists," in O. Williamson *ed*., *Organization Theory: From Chester Barnard to the Present and Beyond*. New York: Oxford University Press, pp.38-55.（「シンボルと組織 —— バーナードから制度主義者へ」飯野春樹監訳『現代組織論とバーナード』文眞堂, 1997 年に所収）。
33 Chester Barnard（1938）, *The Functions of the Executive*. Cambridge, MA: Harvard University Press.（山本安次郎・田杉競・飯野春樹訳『新訳経営者の役割』ダイヤモンド社, 1968 年）。
34 以下については，Roberts（2004）による。
35 Richard Nelson（1991）, "Why Do Firms Differ, and How Does It Matter?" *Strategic Management Journal*, 12, pp.61-74.
36 Alfred Chandler（1977）, The Visible Hand: *The Managerial Revolution in*

American Business. Cambridge, MA: Harvard University Press. (鳥羽欽一郎・小林袈裟治訳『経営者の時代 —— アメリカ産業における近代企業の成立』東洋経済新報社, 1979年)。

37 William Baumol (1968), "Entrepreneurship in Economic Theory," *American Economic Review*, 58, pp.64-71.

38 John Kotter (1999), *On What Leaders Really Do*. Boston, MA: Harvard Business School Press. (黒田貴子監訳『リーダーシップ論 —— いま何をすべきか』ダイヤモンド社, 1999年)。

39 以上については, Kotter (1999) による。

40 John Kotter and Holger Rathgeber (2006), *Our Iceberg Is Melting*. New York: St. Martin's Press. (藤原和博訳『カモメになったペンギン』ダイヤモンド社, 2007年)。

第6章

ガバナンスと資本主義

ガバナンスとは何か

 近年,「コーポレート・ガバナンス」という言葉は,人々のあいだで広く認知されるようになったように思われる。すなわち,**コーポレート・ガバナンス**の「コーポレート」とは会社,そして「ガバナンス」とは統治を,それぞれ意味する。それは,会社は誰のもので,誰によって,誰の利益のために運営されるべきか,という会社経営を左右する問題である。

 コーポレート・ガバナンスの議論が活発化する契機となったのは,アドルフ・バーリ(Adolf Berle)とガーディナー・ミーンズ(Gardiner Means)の共同研究によるところが大きい[1]。彼らは,会社の所有者(株主)の利益にそった会社経営,あるいは会社の実質的な支配者(経営者)の利益にそった会社経営の可能性に加え,第3の可能性を提示した。つまり,経営者の意思決定・行動をモニターするための制度設計を条件として,彼らにたいしてス

テイクホルダーの利害調整を任せ，社会のための会社経営を求める一方，所有者にたいして利益の一部を放棄させるという可能性である。その際，経営者は中立的な見地に立ち，さまざまなステイクホルダーの要求を均衡させ，利益を適切な仕方で分配せねばならない。こうした会社経営を実現するための制度こそ，コーポレート・ガバナンスにほかならない。

従来，経済学者がコーポレート・ガバナンスについて展開してきた議論は，所有者の利益を重視してきた。しかし，「コーポレート」という会社の性質にかんする部分を深く検討せず，どんな企業も契約の束とみなしてしまうようなファイナンス理論にもとづき，「ガバナンス」という部分に焦点をあててきた。そして，株主と経営者のあいだの**情報の非対称性**を仮定し，経営者による**モラル・ハザード**や**機会主義**に起因した企業価値の損失分，すなわち**エージェンシー費用**をいかに小さくするかを分析してきた。つまり，株主の意向にそって経営者が適切な事業運営を実行するために，インセンティブの不整合と情報の非対称性にかんする問題を是正し，経営者のモニタリング・規律づけを目的とした制度設計──たとえば，ストック・オプション，MBO（マネジメント・バイアウト），情報開示，メインバンク・システムなど──を実現すべきだ，という処方箋を提示してきた。

しかし第3章で述べたように，「コーポレート」と一口にいっても，たとえば日本では，法の下で会社の多様性が容認されている。つまり会社といっても，株式会社，合同会社，合名会社，合資会社などさまざまな可能性がある。したがって，ステイクホルダー間のハブ（中心）となり彼らが契約を結ぶのを容易にしているという，会社がもつ契約の束としての側面だけに焦点をあてる

だけでは，会社の多様性を前提としたコーポレート・ガバナンスの理解にとって不十分だと思われる。

そこで，ケイパビリティの集合体としての企業観を想起しよう。つまり，株主，従業員，地域社会，債権者，サプライヤー，顧客，そして機関投資家などのステイクホルダーは，それぞれ異なった状況におかれ，異なる資源・ケイパビリティをもつと考えられる。たとえば，マーケティングのケイパビリティをもつ従業員もいれば，会計のケイパビリティをもつ従業員もいる。フリードリッヒ・ハイエク（Friedrich Hayek）が論じたように，社会には，空間・時間にかんする特殊知識が分散している[2]。とくに経営者は，適時にそうした特殊知識のコーディネーションを実現することで，より望ましい戦略，組織，ビジネス・モデルの設計に役立てていかねばならない。要するにガバナンスは，経営者の規律づけのためのモニタリングやインセンティブについての制度設計にとどまらず，多様なステイクホルダーのケイパビリティの配置・再配置を実現する制度デザインの問題でもある[3]。

経営者は，人間として認知・行動の面で制約に直面せざるをえないが，コーポレート・ガバナンスの制度（ガバナンス・メカニズム）がはたすケイパビリティの配置・再配置機能によって，環境変化に応じた組織イノベーションを実現する助けをえられよう。経済学者による従来のコーポレート・ガバナンスの議論は，経営者が株主とのあいだの非対称情報を悪用することにより自己利益を追求するというモラル・ハザードや機会主義に堕し，企業価値を損なうのを防ぐためのモニタリング・規律づけを強調してきた。しかし，そうした**負の回避**もさることながら，組織イノベーションを促すことによって企業価値を増大させるという**正の創**

造も，また重要なのである。

会社がもつヒトとモノの二面性

　会社は，法の下では**法人**とみなされ，**ヒト**（所有する側の主体）である株主と**モノ**（所有される側の客体）である会社資産とのあいだに入り込み，株主にたいしてモノ，そして会社資産にたいしてヒトにもなっている[4]。こうした状況の下では，たとえばホンダの株主だからといって，青山一丁目の本社にある Honda ウエルカムプラザ青山に展示してあるフィットを拝借することも，頂戴することもできない。ショールームに展示してある自動車は会社資産であって，法人としての会社のモノということになろう。したがって，株主のモノとはみなされず，株主は株式を所有しているだけということなのである。

　会社は，ステイクホルダーによるさまざまな資源・ケイパビリティの提供を必要としている。たとえば，株主や銀行が提供する資本，従業員が提供する技能・知識，政府が提供する法・規制などの制度的環境，顧客が提供する価値共創の機会などである。現代資本主義の下では，とくに無形資源がますます重要な意味をもつようになったといわれて久しい。本来，多様なステイクホルダーによる価値創造への貢献度に応じて，会社の価値創造の成果としての利益（準レント）の分配は決定されるべきなのである[5]。この点については，第3章で取り上げたように，彼らがもつ認知資産の不可欠性[6]が問題にされねばならない。

　とくに従来の日本では，法人が株式所有にもとづいて議決権をコントロールし，法人間の相互信認の下で権限をえた経営者が，会社の成長・存続のための利潤追求を志向してきた。環境変化に

応じて，会社の価値創造にたいするステイクホルダーのケイパビリティの貢献度（認知資産の不可欠性）は変化するため，どのステイクホルダーの利益が最も重視されるべきかについても，それに応じて変化することになろう。したがって，会社は誰のものか，という問いにたいする解は，状況に応じて決まるとしかいいようがないだろう。

くり返しておくが，会社は**ヒトとモノの二面性**をもつ。そして，法人として資産を所有するとともに，すべてのステイクホルダーによる契約のハブとなることによって，ゲームのルールを設定するとともに，資産へのアクセスをコントロールする[7]。しかし会社は，脳や肉体をもたないため，意思決定の役割を経営者に委ねなければならないのである。

資本主義の進化 ── みえざる手，みえる手，消えゆく手

岩井克人東京大学名誉教授は，**資本主義**を永続的な利潤追求活動と捉え，差異性から利潤を生み出すことこそ資本主義の一般原理であり，資本主義の進化プロセスでは，差異性の源泉も根本的に変化してきたと論じる。このプロセスは，地理的に離れた市場との価格の差異から利潤を生み出すという**商業資本主義**からはじまった。そして，大規模な設備投資によって実現した高い労働生産性と，農村部の産業予備軍が大量に供給されたために実現した低い実質賃金率との差異から利潤を生み出す**産業資本主義**へと進化した。しかし産業資本主義は，農村人口が枯渇し，労働者の実質賃金率が高まってしまったため，差異を生み出すのが困難になった。そして，情報通信技術の発展と経済のグローバル化が進行する過程で，会社は意識的に差異性を創出せねばならなくなっ

た。産業資本主義は変貌を余儀なくされ，新たに出現した**ポスト産業資本主義**の下で，会社は差異性そのもの（情報）を商品化することで利潤を獲得するようになった[8]。

アルフレッド・チャンドラーが描いたように，大量生産と大量消費に向けて経営，流通，生産に大量の資本を投下し，規模・範囲の経済を追求するという大規模垂直統合企業――みえる手ともよばれる**チャンドラー的企業**――は，産業資本主義の下では有効に機能した[9]。しかし21世紀をむかえ，新しいポスト産業資本主義の下では，そうしたチャンドラー的企業の有効性が疑問視されるようになった。

しかし，それにさかのぼる18世紀後半，個人の利己心に委ねる形で経済を自然に任せておけば，**みえざる手**をつうじて社会的に望ましい状態が実現する。これは，18世紀にアダム・スミスが描いたシナリオである。新古典派（主流派）とよばれてきた経済学者は，価格をつうじたコーディネーションを信頼し，競争の結果として効率的な資源配分状態がもたらされることを証明してきた。

だが，逆選択やモラル・ハザードといった不完全・非対称情報に起因するエージェンシー問題が存在する場合，みえざる手はうまく機能しえないことが明らかになった。個人，会社といった経済主体は，こうしたエージェンシー問題に直面せざるをえない。経営というみえる手によって機能するチャンドラー的企業も，そうした問題にたいする1つの解とみなされる。人口の増加，複雑な技術の出現，そして所得水準の増大にともなう需要の増加といった市場環境の変化は，会社がになう活動の種類を増やすのに貢献してきた。企業家は，そうした環境変化によって生じた新し

い事業機会に対応すべく,さまざまな活動を統合していく必要があった。チャンドラーは,こうして多くの活動を内部化したヒエラルキーによるコーディネーションを**みえる手**とよんだ。これは,スミスのみえざる手,すなわち市場によるコーディネーションとは異なるメカニズムである。

とくにアメリカでは,20世紀に鉄道,通信が発達したことにより,市場の地理的範囲が広がるとともに,商品・原材料の流れが安定した。かくして会社は,必要な投入物を安定的に獲得できるようになり,大量生産によって**規模の経済**を,そして多角化によって**範囲の経済**を,それぞれ享受できるようになった。

近年,学界ではLRTとして知られるようになった,ナオミ・ラモロウ(Naomi Lamoreaux),ダニエル・ラフ(Daniel Raff),そしてピーター・テミン(Peter Temin)は,輸送費用と通信費用の減少,1人あたり所得の増大といった環境変化に焦点をあてた[10]。そして,市場,ヒエラルキーに代わる第3のコーディネーション・メカニズムとして,企業間の長期関係のネットワークが台頭しつつあることを明らかにした。

21世紀をむかえたわれわれは,PC,携帯電話,大型ジェット機などの発展によって便益をうけるようになった。結果的に輸送費用や通信費用が低下したことによって,市場は拡大し,従来よりも厚みを増してきた。さらに,1人あたり所得の増大によって,消費者の嗜好は多様化し,しかも需要は高品質製品に向かった。こうした環境変化は,企業間の長期関係のネットワークを有利なものにし,硬直的で柔軟ではないチャンドラー的企業は,統合してきた活動を分解すること(アンバンドリング)によって,次第に長期関係へとシフトした。たとえば,トヨタ,デル

(Dell) などをみればわかるように，現代の会社は，ジャスト・イン・タイム方式，SCM（サプライ・チェーン・マネジメント）などを活用し，環境変化にうまく適応することで成功を遂げた。

資本主義の進化は，1880年代にはみえざる手よりみえる手のほうが有利になり，1990年代にはみえる手が不利になって消えつつあることを示した。こうした動きは，リチャード・ラングロワによって，経時的に逆U字型のパターンとして描き出された[11]。人口と所得の増加，貿易障壁の撤廃によって，機能の特化，市場コーディネーションが促進された。そして，時間をつうじて市場は拡大し，それを支える制度も進化してきた。産業資本主義からポスト産業資本主義へと移行するにつれ，生産技術の複雑性は低下してきた。市場でさまざまなケイパビリティが蓄積されてきた ── 市場の厚みが増した ── 状況で，みえる手は，**消えゆく手**に道を譲ることになった。

したがって消えゆく手は，最終的に市場が生成したと考える。21世紀のポスト産業資本主義において，会社は，チャンドラー的企業という組織形態の代わりに，モジュール型ネットワークという組織形態を採用するようになった。**モジュール化**は，ネットワークに参加する主体が共通のインターフェースにしたがう限り，それぞれのモジュールについての詳細な情報交換を行うことなく，厚みのある市場の外部ケイパビリティを利用できることを意味する。消えゆく手は，ヒエラルキーをつうじた経営コーディネーションが，モジュール化をベースにした市場コーディネーションにシフトしたことを意味する。

日本の社団資本主義における「会社のため」

先の岩井名誉教授によれば、資本主義とは永続的な利潤追求活動であった。そもそもカール・マルクス（Karl Marx）は、たえまない自己増殖を追求する運動体としての資本に注目し、資本主義の分析に成功した。彼の考え方にしたがうマルクス経済学者とよばれる人たちのなかには、とくに日本の資本主義にたいして国家独占資本主義という古めかしい特徴づけを与える者がいるかもしれない。

かつては大学の経済学の中心的講義となっていたこともあるマルクス経済学 —— いわゆる「マル経」—— は、1989年のベルリンの壁崩壊、1991年のソ連崩壊などの歴史的な大事件に象徴された社会主義の敗北によって、次第に勢いを失っていった。ちなみにシンガポールでは、マルクスの *Das Kapital*（『資本論』）は法律で禁じられた書物だそうである。戦後のアメリカとソ連を中心とした「資本主義 対 社会主義」というイデオロギー対立のなかで、理論的にマル経は後者の支柱となってきたのは間違いない。だが実際、生産手段の私的所有と分権的な市場にもとづいた経済システムとしての資本主義にたいして、生産手段の社会化と集権的な計画化にもとづいた経済システムとしての社会主義は道を譲ることになった。社会主義の敗北とともに、マル経は大学の時間割からも次第に姿を消していった。

しかしマル経は、会社、政党、官僚組織などの組織の上層に属し、日本の中枢をになうようになった世代の人々の考え方にたいして、無視できない影響を及ぼしてきたといえよう。彼らのなかには、強大な権力を与える地位にまでのぼりつめた、選ばれし一

握りのエリート，すなわち選民としての「自分たち」を中心として，意図的であれ，非意図的であれ，日本という資本主義国家のなかで計画化をすすめようと画策している人たちも，少なからずいるのではないだろうか。かつて日本には，戦時経済統制を求めた計画化志向の「革新官僚」がいたように，21世紀をむかえた現代ですら，計画化のロマンを追い求めるマルクスの亡霊が日本の中枢にとりついている気がしてならない。

多くの異論があるにせよ，日本経済の発展は，そうした計画化の賜物とみなされたこともある。このような見方として，チャルマーズ・ジョンソン（Chalmers Johnson）の開発主義国家論が挙げられる。**開発主義国家**は，経済の目標を設定し，国際競争力を高めるような産業構造の生成を促す産業政策をつうじて経済にたいして戦略的に行動する[12]。日本の場合，とりわけ通商産業省（以下，通産省）が高度成長の面で大きな影響力をもっていたといわれることが多い。

しかし，日本の高度成長の要因を通産省の役割だけに求めることはできないのであって，旧財閥系企業集団，長期信用銀行（たとえば，日本興業銀行）などの民間部門の役割にも注目しなければならない。この点で，とりわけ1980年代の日米構造協議を契機として，企業集団や系列とよばれる企業間ネットワークの役割が着目されるようになった。

なかでも法人資本主義論[13]は，日本の会社の特徴として企業集団での法人所有にもとづく経営者支配を認め，会社を代表する人格的存在として経営者を位置づける。この考え方によれば，日本の資本主義は**法人資本主義**とみなされるものであって，そこでは，個人資本家の代わりに法人株主が台頭し，株式相互持ち合い

や持株会社をつうじて法人としての会社が資本主義の頂点に君臨するようになった。こうした日本の法人資本主義は，法人として人為的に創造された会社に，ステイクホルダーが一体化していくという価値（会社本位主義[14]）によって支えられる。

さらに，法人資本主義を日本の話に限定せずより広い視野でとらえると，それは，会社が個人の手を離れて自律化した経済システムということができよう[15]。さらにいえば，会社をはじめとする官僚組織・政府などのコーポレーション（永続的な社団組織［第3章］）が自律化している点でいえば，**社団資本主義**とよぶほうがより適切かもしれない。そこで会社の経営者は，自己利益のためではなく，むしろ組織利益のために行動する。つまり彼らは，会社の化身にすぎない。このことは，非対称情報を悪用してモラル・ハザードに堕し，自己利益のために企業価値を損なうという従来のコーポレート・ガバナンスの見方が想定していた経営者の姿からかけ離れている。むしろ短期的かもしれないが，「会社のため」にモラル・ハザードにはしる。

オリンパス事件にみる「会社のため」

この点にかんして，2011年に問題になったオリンパス事件を簡潔にふり返ろう。オリンパスは，医療用光学機器・顕微鏡などの分野で世界的に知られる会社で，とくに内視鏡は世界の市場シェアの70%を占めるほど有力な事業である。この会社は，医療品廃棄物処理のアルティス，化粧品・健康食品のヒューマラボ，電子レンジ用容器のNEWS CHEFといった本業とは無関係な3つのベンチャー企業とともに，イギリスの医療機器メーカーであるジャイラス・グループ（Gyrus Group）をかなり高い価格

で買収したのに加え,それを仲介した海外の会社にたいして法外な手数料を支払っていた。このことは,2011年8月に会員制月刊誌 FACTA に掲載されて問題視された[16]。4月に社長に就任したばかりだったマイケル・ウッドフォード(Michael Woodford)はその記事を読み,不透明な M&A により会社と株主の利益を毀損したという理由で,会長の菊川剛,副社長の森久志の辞任を求めた。しかし反対に,ウッドフォードは取締役会で社長を解任され,菊川が代表取締役会長兼社長に就任する異常事態となった。ウッドフォードが一連の事実を社外に公表したことで,オリンパスの株価は暴落した。これをうけ,菊川はその職を辞し,オリンパスの第三者委員会による調査が行われることとなった。結果的にこの会社では,1990年代にバブル期の金融商品の取引で生じた有価証券の損失計上を先送りにするため,巨額の M&A 資金やフィナンシャルアドバイザー報酬を利用していた[17]。

このように,損失隠しのための粉飾決算というオリンパス事件が発生したことにかんして,宮島英昭早稲田大学教授は4つの条件を指摘する[18]。第1に,オリンパスが銀行から財務的に自立していたことである。第2に,粉飾の維持するための費用をまかなえるほど収益性の高い事業,すなわち内視鏡事業を抱えていたことである。第3に,技術系で固められた取締役会が M&A 案件を評価するのに十分なケイパビリティをもたなかったことである。第4に,前任者が後任者を指名するという日本企業の経営者選任の慣行によってイエスマンが生まれ,社内の規律づけが機能しなくなったことである。

とくに菊川は,すぐれた経営能力にめぐまれていたものの,部下にたいする強権的なふるまいにより,彼の周囲にはイエスマン

が増殖することになったといわれる。たとえば、ある取締役が2007年、菊川が主導したとされる損失隠しに疑問を呈したところ、その人物は取締役の職を解任されたという。さらに、懇意にしていたフィナンシャルアドバイザーとの契約について、取締役会を介することなく菊川とともに副社長、監査役の3人だけで決定していたという[19]。結局、有能かつ強力な経営者は、イエスマンの増殖によって内部ガバナンスを希薄化してしまうおそれがあるため、強い自己統治力を必要とする。

しかし厄介なのは、日本の会社経済では「会社のため」という大義により、自己統治すらもうまく機能しない点にある。すなわち、いくら不適切な物事であっても、「会社のため」だからという理由づけを与えることにより、そうした物事があたかも適切であるかのような錯覚を与えられるため、事実上それは、みすごされがちになってしまう。菊川の後をうけ、社長に就任した高山修一は、「(旧経営陣が) 先送りしたのは損失が大きくなり、処分をすると会社に影響を与えてしまうから、と想像している。……ウッドフォード氏は独断専行の行動で資質に問題があるということで解任したもので、処遇を取り消す考えはない」[20]と述べた。つまり彼は、菊川の行動は会社のためだが、ウッドフォードの行動は会社のためにはならない、という判断を下したようにみえる。だが、はたして本当にそうだろうか。株式市場は、そうした判断を下さなかったようだが。

内部告発によってオリンパスのガバナンスの失敗を改善すべく正しいことをしたウッドフォードを「独断専行」とみなす一方、菊川を中心とした旧経営陣の損失隠しを「会社のため」とみなす感覚は、国際社会では異常とみなされるかもしれない。だが依然

として，日本社会では問題視されることがないようである。というのも，とくに日本の会社経済では，「会社のため」という大義の下で，上司のために忠誠をつくすことによって評価されるようなインセンティブ・システムが確立しているからだろう。「会社のため」に行動するのはよいことで，しかもそれが上司の顔をたてることにつながれば，一挙両得，さらによいことなのだという価値が，日本の会社経済では共有されているようである。もちろんオリンパス事件のように，「会社のため」だからといって法の枠を逸脱してはいけないのはいうまでもない。しかし，そうした物事が表面化しなければ，法の枠を逸脱したことにはならないのでお咎めなし，ということなのだろうか。

日本におけるガバナンスのガラパゴス化

オリンパス事件を世間にさらすきっかけを与えた**内部告発**は，近年では重要なガバナンス・メカニズムとして機能しつつあるようにみえる。2011年にイギリスでは，「メディア王」として知られるルパート・マードック（Rupert Murdoch）が率いるメディア・コングロマリットのニューズ・コーポレーション（News Corporation）の傘下にあったタブロイド紙のニューズ・オブ・ザ・ワールド（News of the World）による電話盗聴事件が問題になった。この事件もまた，新聞記者による内部告発をきっかけとして明るみに出た。他方で日本では，東京電力が福島第一原発の1号機から6号機，福島第二原発の1号機から4号機，そして柏崎刈羽原発の1, 2, 5号機で1987年から1995年にかけて点検作業で発見されたシュラウドのひび割れなどを隠蔽して運転を続けてきた事実が，遅ればせながら2002年8月になってようやく

明るみに出た。これも，原発の点検作業に取り組んでいた GE インターナショナル・インク社員の内部告発によるものだった。

会社による不都合の隠蔽は，ガバナンスの失敗によって制度がうまく機能していないことが一因だと思われる。とくに日本の会社では，ガバナンス・メカニズムが形骸化ないし陳腐化していまい，会社が環境変化に直面しているもかかわらず，情報開示，インセンティブの整合化，ケイパビリティの再配置といったことが適切に行われていない状況，すなわちガバナンスのガラパゴス化が確認されるということなのである。

市場，政府，会社といったそれぞれの制度の働きを問題にするクリストス・ピテリス（Christos Pitelis）の制度失敗論の視点[21]からみると，日本の資本主義は，薄い市場，規制の虜となった政府，そしてプログラム持続性バイアス[22]にとらわれた会社によって特徴づけられる。すなわち日本の資本主義の下では，厄介なことに**制度の複合的失敗**が生じ，そうした望ましくない状況を解決するようなガバナンス・メカニズムがうまく機能していない。

とくにこのことは，日本の資本主義の発展を支えてきた電力産業で顕著になっているように思われる。電力会社のプログラム持続性は，原子力発電というプログラムの支持者たち（原子力村）の強大な支配力によって，そのプログラムが本来もつ価値を上回るほどの過剰な投資が行いかねないことを意味する。政府は，電力会社とともに国策民営体制の下，原発推進に取り組んできた関係で，電力産業にたいする規制の手をゆるめかねない。そして市場では，地域独占により守られ，競争から隔絶された電力会社は，ケイパビリティの開発・蓄積を行う代わりに，政治経済にたいする支配力を行使し，陳腐化した技術・制度の現状維持に向け

て資源を浪費しようとするかもしれない。これら一連の問題に特徴づけられる制度の複合的失敗の修正に向けてガバナンス・メカニズムがうまく機能しないところに，日本の資本主義の問題があるように思われる。

どうやら多くの日本人は，個人として何がしたいか，どうあるべきか，という価値より，むしろ会社とそれを中心とした経済（会社経済）の存続を志向する価値を尊重し，それに自らを適応させることで同一化している――自縛している――ようにみえる。オリンパス事件でも確認されたように，こうした自縛は，日本の資本主義を覆いつくしているようである。こうした状況で必要とされているのは，自分を，そして組織を，抜本的な変化に向けて解き放つダイナミック・ケイパビリティにほかならない。

資本のグローバル化 ── J パワー事件

アメリカでは 2002 年 7 月にサーベンス・オクスリー法（SOX 法）が制定されたが，それは，エンロン（Enron），ワールドコム（WorldCom）などによる粉飾決算によって損なわれた証券市場の信用を回復させることを目的としていた。その第 404 条には，経営者が財務諸表にかんして内部統制の構築・運用，その有効性の検証を行うべきことが記されている。**内部統制**とは，組織が有効かつ効率的な仕方で目的を達成するために，組織内で適用されるルールやプロセスの設計・運用を図ることをいう。

これにたいして日本では，金融商品にかんする一連の法律と従来からの証券取引法が統合され，2007 年 9 月から金融商品取引法が施行された。とくに金融商品取引法の第 24 条により，会社は内部統制報告書を作成せねばならなくなった。つまりそれは，

財務報告の信頼性を目的とした報告書で,公認会計士ないし監査法人の監査証明をうけなければならない。とくに金融商品取引法の内部統制に関連した部分については,日本版 SOX 法（J-SOX 法）とよばれる。

このように,国境を越えて制度の移転・学習が進展するとともに,資本の動きもグローバル化している。たとえば,イギリスのヘッジファンドである TCI（The Children's Investment Fund）は,電源開発（Jパワー）の株式にかんして大量保有報告書を提出することになり,株式保有比率 5.07％ であることが判明した。さらに,2007年3月にも大量保有報告書を提出し,株式保有割合が 9.9％ となった。大量保有報告書とは,上場会社の株式などを 5％ を超えて保有した場合,金融商品取引法によって金融庁に提出が義務づけられている書類である。さらに TCI は,電源開発の株式を 9.9％ から 20％ まで買い増すことを外為法にもとづいて日本政府に申請した。というのも,外為法は外国のファンドが特定の産業の会社の株式を 10％ 以上取得する場合,政府への事前報告が必要とされるからである。しかし政府は,TCI が電源開発の経営に影響を及ぼし,公の秩序の維持が妨げられるとして,2008年4月に額賀福志郎財務大臣,甘利明経産大臣は,TCI の株式取得の中止勧告を出した。だが TCI は,これを拒否したことで,最終的には両大臣が出した中止命令にしたがうこととなった[23]。

また,電源開発は 2008 年 4 月,経済産業省から大間原子力発電所の建設を認可されたことからもわかるように,国家の安全保障という観点からみて,日本が潜在的に原子力を扱いうる会社の株式上場を認めたこと自体,不適切な選択だったといわざるをえ

ない。そうした電源開発をめぐる一連の動き（いわゆるJパワー事件）は、グローバル時代をむかえ、ヘッジファンドなどの資本が国境を越えて有利な投資先を抜け目なく探索している状況で、日本では、M&A、外資規制などにかんするルールが十分に整備されていないという問題を浮き彫りにした。電源開発の事例でいえば、株式を上場せずに国有化するとか、2006年の会社法の施行によって可能になった拒否権付種類株式（黄金株）を導入するとかいった選択肢が他にも採用できたはずである。

　日本の会社経済は、急速に進展するグローバル化に直面したことで、後追い的にガバナンス・メカニズムを見直しているが、あいにくおいつけていないという状況にある。要は、ガバナンスのガラパゴス化に陥っているのである。たとえばオリンパス事件は、日本の会社経済が自縛によってシステムの現状維持（秩序の維持）に固執することの問題点を浮き彫りにした。他方でJパワー事件は、グローバル時代における日本の会社経済の不十分な制度的適応を露呈することになった。いずれの問題にせよ、資本のグローバル化が進展している時代に、日本という国が、そして日本の会社が、将来的に存続・成功を続けていくうえで致命的なものであることに間違いない。

資本主義の課題としての持続可能性

　ここでは、グローバル時代の資本主義が直面する課題について述べる。世界には、2カ国以上に拠点をおいて活動する多国籍企業が6万以上も存在し、世界経済の生産高の25%以上を占めている一方、世界の労働力人口の1%も活用できていない。しかし、持続可能なグローバル企業として収益を達成しつつ、40億

人にものぼる **BOP**（Bottom of the Pyramid：世界経済のピラミッドの最下層にいる貧しい人たち）のQOL（クォリティ・オブ・ライフ）を高め，文化の多様性を尊重し，将来の世代のために地球の生態系を保つ事業を創造していかねばならない[24]。

そこで，**持続可能性**に注目しよう。国際連合のWCED（World Commission on Environment and Development：環境と開発に関する世界委員会）は，持続可能な開発に焦点をあて，これを「将来の世代がニーズを満たす能力を損なうことなく，現在のニーズを満たす」[25]開発としてとらえた。しかしクリストス・ピテリスは，会社，国，地球といった3つのレベルでの価値創造という観点から持続可能性をとらえ直す。そして，その実現のためには，各レベルの目的を全体として整合化し，低いレベルの価値獲得が高いレベルの価値創造を妨げないようにするガバナンス・メカニズムの設計が求められる[26]。ピテリスによれば，単に会社レベルのコーポレート・ガバナンスに注力するだけでは，持続可能性を実現できない。つまり将来の世代にたいして，彼らが豊かさを享受するような形で，会社を，国を，そして地球を，適切な形でうけわたしていくことが持続可能性なのである。

こうしたガバナンス・メカニズムの設計という場面では，第1章で述べたように，グローバル時代を念頭においた国際感覚にもとづくシステム思考だけでなく，複雑化した社会を念頭においたバランス感覚にもとづく統合思考も求められよう。すなわち，会社がより高いレベルのシステムの一部になっていること，そして会社が現状維持か，変革か，といった矛盾する選択肢に直面した場合，双方の選択肢を上回る可能性を新たに生み出すべきことを認識せねばならない。さらに，社会のなかでこうした認知を広く

共有し，多くの人々の行動に結びつけられるかどうかが次に問われる。とくに，認知の共有，行動の動機づけという点については，リーダーに求められる役割ということになろう。

ただし，ここで注意せねばならないのは，リーダーにカリスマ性はいらないということである。リーダーシップは，先天的な才能によって決まるものではなく，自分の経験や他者の経験をつうじて学習できるものである。第5章で述べたように，小林一三は，江崎グリコの江崎利一の事例をつうじて，企業家には，発見と実行という2つの要素が必要だということを明らかにした。発見は，何か新しいことをはじめるのに不可欠で，リーダーとして多くの人々をひきつけるうえでも不可欠だと思われる。さらにいえば，彼らに発見の機会を与えることも大切だろう。

たとえば，無担保で少額の資金を融資する**マイクロ・クレジット**をもとにしたグラミン銀行（Grameen Bank）を設立し，ノーベル平和賞を受賞したムハマド・ユヌス（Muhammad Yunus）は，BOPを取り込むためにホームレスの人たちに着目した。従業員にたいして，銀行の顧客になりそうなホームレスの人たちを1人ずつ勧誘させ，それにより2万3,000人ほどが顧客となった。そして従業員は，ホームレスの人たちをマイクロ起業家に転身させるための発見の機会をえたという[27]。常識にとらわれることなく視野を広げることで，さまざまな発見が促進され，個人の成長ばかりか会社の事業機会すらも拡張されうる。

しかし，貧困，テロ，戦争，革命，原発事故，地震，津波，地球温暖化などの一連の難問は，グローバル資本主義とその中心的なプレイヤーであるグローバル企業が取り組まなければならない今そこにある危機である。問題の発見だけでなく，実際に発見し

た問題を解決していくことも必要である。この点にかんして、スチュアート・ハート（Stuart Hart）は、**ネイティブ・ケイパビリティ**の開発が必要だと述べる。すなわちそれは、地域の文化の多様性を尊重し、現地の人々のニーズに対応できるようボトムアップで彼らとともに持続可能な生活を共創する能力である[28]。第1章でも述べたように、事業の仕方をグローバルに標準化する**グローバル統合**だけでも、ローカル市場のニーズ・規制に適応する**ローカル適応**だけでも、不十分なのである。これらを統合するのは困難かもしれないが、実行に値する試みかもしれない。しかしそれでもなお、会社が組織として地域との共創に向けたネイティブ・ケイパビリティの開発を怠っていては、持続可能なグローバル企業への道は遠いといわざるをえない。この点については、さらに第7章で説明するつもりである。

トーク・テーマ

- ♥ 会社とBOPの双方は、貧困、経済発展という問題を解決しうるのであって、実際にこれら民間部門は、そうした問題解決において重要な役割をはたしている。このような考え方は、プラハラード・ハート仮説とよばれることがある。この仮説の妥当性について、事例を挙げながら検討してみよう。さらに、公的部門はそうした問題解決においてどう位置づけられるか議論しよう。
- ♥ 日本のコーポレート・ガバナンスを理解するためにライブドア事件について調べ、何が問題だったのか議論しよう。

さらに深く学びたい人へ

★コンスタンス・ヘルファット他（谷口和弘・蜂巣旭・川西章弘訳）

『ダイナミック・ケイパビリティ——組織の戦略変化』勁草書房，2010年の第2章を読んで，戦略経営とガバナンスの関係について議論しよう。

● 英語での学習に向けて（★の英語版）

Constance Helfat, Sidney Finkelstein, Will Mitchell, Margaret Peteraf, Harbir Singh, David Teece, and Sidney Winter (2007), *Dynamic Capabilities: Understanding Strategic Change in Organizations*. Oxford: Blackwell.

参考文献

1 Adolf Berle and Gardiner Means (1932), *The Modern Corporation and Private Property*. New York: Macmillan.（北島忠男訳『近代株式会社と私有財産』文雅堂，1958年）。

2 Friedrich Hayek (1945), "The Use of Knowledge in Society," *American Economic Review*, 35, pp.519-530.（「社会における知識の利用」田中真晴・田中秀夫編訳『市場・知識・自由——自由主義の経済思想』ミネルヴァ書房，1986年に所収）。

3 谷口和弘 (2006)『企業の境界と組織アーキテクチャ——企業制度論序説』NTT出版。

4 岩井克人 (2003)『会社はこれからどうなるのか』平凡社，および岩井克人 (2005)『会社はだれのものか』平凡社。

5 谷口 (2006) を参照。

6 Masahiko Aoki (2010), *Corporations in Evolving Diversity: Cognition, Governance, and Institutions*. New York: Oxford University Press.（谷口和弘訳『コーポレーションの進化多様性——集合認知・ガバナンス・制度』NTT出版，2011年）。

7 谷口 (2006) を参照。

8 以上については，岩井 (2003) による。

9 Alfred Chandler (1977), *The Visible Hand: The Managerial Revolution in American Business*. Cambridge, MA: Harvard University Press.（鳥羽欽一郎・小林袈裟治訳『経営者の時代——アメリカ産業における近代企業の成立』東洋経済新報社，1979年）。

10 Naomi Lamoreaux, Daniel Raff, and Peter Temin (2003), "Beyond Markets and Hierarchies: Toward a New Synthesis of American Business History," *American Historical Review*, 108, pp.404-433.

11 Richard Langlois (2007), *The Dynamics of Industrial Capitalism: Schum-*

peter, Chandler, and the New Economy. New York: Routledge.（谷口和弘訳『消えゆく手――株式会社と資本主義のダイナミクス』慶應義塾大学出版会，2011年）。

12 Chalmers Johnson (1982), *MITI and the Japanese Miracle: The Growth of Industrial Policy*, 1925-1975. Stanford, CA: Stanford University Press.（矢野俊比古監訳『通産省と日本の奇跡』TBS ブリタニカ，1982 年）。

13 奥村宏（1991）『［改訂版］法人資本主義 「会社本位」の体系』朝日新聞社。

14 奥村宏（1992）『会社本位主義は崩れるか』岩波書店。

15 間宮陽介（1993）『法人企業と現代資本主義』岩波書店。

16 http://facta.co.jp/article/201108021.html を参照。

17 『朝日新聞』（2011 年 11 月 9 日）。

18 宮島英昭（2012）「オリンパス・大王製紙事件から日本の企業統治の将来を考える」経済産業研究所 BBL セミナー・プレゼンテーション資料，1月 18 日。http://www.rieti.go.jp/jp/events/bbl/12011801_miyajima.pdf

19 『日本経済新聞』（2012 年 2 月 16 日夕刊）。

20 『朝日新聞』（2011 年 11 月 9 日）。

21 Christos Pitelis (1991), *Market and Non-market Hierarchies: Theory of Institutional Failure*. Oxford: Blackwell, および Christos Pitelis (1995), "Towards an Evolutionary Perspective of Institutional Crisis," J. Groenenwegen, C. Pitelis, and S-E. Sjöstrand *eds.*, *On Economic Institutions: Theory and Applications*. Aldershot: Edward Elgar, pp.101-126.

22 David Teece (2009), *Dynamic Capabilities and Strategic Management: Organizing for Innovation and Growth*. Oxford: Oxford University Press.（谷口和弘・蜂巣旭・川西章弘・ステラ・チェン訳『ダイナミック・ケイパビリティ戦略――イノベーションを創発し，成長を加速させる力』ダイヤモンド社，2013 年）。

23 以上については，主に岩井克人・佐藤孝弘（2008）『M&A 国富論――「良い会社買収」とはどういうことか』プレジデント社による。

24 以上については，Stuart Hart (2007), *Capitalism at the Crossroads. Aligning Business, Earth, and Humanity*. Upper Saddle River, NJ: Wharton School Publishing.（石原薫訳『未来をつくる資本主義――世界の難問をビジネスは解決できるか』英治出版，2008 年）に負う。

25 http://www.un.org/documents/ga/res/42/ares42-187.htm による。

26 Christos Pitelis (2012), "Economic Sustainability and Governance: An Introduction," mimeo. Cambridge Judge Business School, University of Cambridge.

27 Hart (2007) を参照。

28 Hart (2007) を参照。

第7章

グローバル時代の経営

個人の越境力から会社のネイティブ・ケイパビリティへ

　グローバル時代において，会社は新卒採用にかんしてますます外国人比率を増やしている。たとえばパナソニックは，2012年には外国人比率を76%にすることを発表した[1]。他方，時流にあわせてグローバル人材の育成に前のめりになり，社内言語としてあわてて英語を導入する会社も増えているようである。このように会社は，世界で通用するグローバル企業への変換を図るためにさまざまな取り組みを行うようになった。

　ただし第6章で述べたように，会社が持続可能なグローバル企業に近づくには，文化の多様性を尊重し，現地の人々のニーズに対応できるよう，ボトムアップで彼らとともに持続可能な生活を**共創**するネイティブ・ケイパビリティを開発していかねばならない。当然そのためには，従業員が現地の人々のニーズや潜在的な事業機会を発見できるほど十分な期間にわたって現地に滞在する

ことで，文化を理解し，現地の人々とのネットワークづくりにつとめる必要がある。会社としてこうした学習機会を従業員に提供しうるか否かが，BOPを射程とした持続可能なグローバル企業への変化の成否を左右すると考えられる。つまり会社は，従業員の個人的な越境力を育成し，それを戦略と適合した組織的なネイティブ・ケイパビリティの開発・蓄積に結びつけていかねばならない。そのための取り組みは近年，ICV（international corporate volunteering）——より簡潔には「留職」——とよばれつつある。

　しかし日本の会社では，海外赴任という形で諸外国に派遣された人たちは，たいていの場合，限られた特定の職務経験を積みながら，長期間にわたり外国生活を体験することになる。当然，派遣される国によってQOLも変わってくるし，日本国内にいる場合と比べて家族・友人とのコミュニケーションがとりづらくなる。そのため海外赴任は，幅広い職務経験をつうじて明確な成長機会を与えてくれるものでなければ，若い世代の人たちにとって魅力的なキャリアとはみなされないだろう。もちろん，幅広い職務経験を積ませるための海外赴任だけでなく，逆に外国人の採用枠の増加，外国企業のM&Aによる外国人の人材確保，本社の海外移転，そしてトップ・マネジメントのグローバル化などを図ることによって，真のグローバル企業に近づくことが期待できる。ただしいずれにせよ，戦略を明確にするとともに，その実行のために必要とされるケイパビリティの開発・蓄積を実現せねばならない。日本の会社は，外国人のマネジメントが不得手だといわれることがあるが，このこともグローバル経営のためのケイパビリティが不足していることを表していよう。

越境力の育成 —— サムスンとアサヒビール

　まず以下では，**グローバル化**についてのありがちな誤解を正しておこう。トーマス・フリードマン（Thomas Friedman）の世界的なベストセラー[2]のおかげで，インターネットの誕生，アウトソーシングの進展などによってグローバル競争は均一化し，グローバル化の貫徹によって世界はフラット化したという通念が，人々のあいだで共有されるようになった。しかしパンガジ・ゲマワット（Pankaj Ghemawat）がいうように，世界は画一化しておらず，いまだに多様性が残されている。したがって経営者は，部分的なグローバル化を意味する**セミグローバル化**を前提に，国の特異性・類似性を把握し，戦略を策定すべきであろう[3]。すなわち，世界は完全にフラット化しているわけではない，という事実を認識しておく必要がある。そしてその際，ローカル適応やグローバル統合といったいわばトップダウンの仕方ではなく，現地との共創といったボトムアップの仕方にも注目せねばならない。

　では会社は，グローバル時代 —— より正確には，セミグローバル時代 —— にふさわしい人材育成をどのように行えばよいだろうか。すなわち，従業員にたいして，国，会社，事業，職能などの壁を超える**越境力**をどのように身につけさせたらよいだろうか。この点で参考になるのは，サムスンの地域専門家制度の事例である[4]。この制度は，李健熙会長の指示で1990年に導入され，毎年100人から200人の従業員が世界中で1年間にわたり，原語・文化の習得，ネットワークづくり，イントラネットをつうじた社内での各国情勢にかんする情報共有を促進している。重要なのは，サムスンがアジア通貨危機の深刻な影響のなかでも，派遣人数を

減らさずにこの制度を維持したことである。これによって，グローバル人材の育成にたいする会社として強い意志を従業員に伝えることができた。

そして，こうしたサムスンの取り組みの観察学習をつうじて，アサヒビールは，グローバル・チャレンジャーズ・プログラムという制度を導入した[5]。泉谷直木社長の指示で2010年に開始され，20代から30代の10人の社員を6ヶ月間にわたって7カ国に派遣するという制度である。これにより，ネットワークづくりはもとより，市場調査にもとづく経営陣への成長戦略の提言をも課題としているという。サムスンに比べて規模が小さく歴史も浅いが，こうした取り組みによってグローバル人材の育成に成功し，会社としてネイティブ・ケイパビリティの開発・蓄積を実現できれば，厳しいグローバル競争のなかでも生き残っていける可能性は高まる。

制度を導入しただけでは越境力は育成できない

しかし，こうしたグローバル人材の育成のための制度を導入したからといって，世界に通用する理想通りの人材の確保とともに，会社としてのネイティブ・ケイパビリティの開発を保証することにはならない。すなわち，従業員の認知・行動の面でグローバル化に向けた変化が生じなければならない。そうでなければ，彼らは越境力を身につけられないだろう。この点で，4つの条件を満たす必要があろう。第1に，会社の新規事業となりうる発見に向けて特定の問題意識をもつことが求められる。問題意識がなければ，何を解決してよいのかわからないので，問題を発見することにはつながらない。現状維持に固執して思考停止に陥ってし

まうのを避け，柔軟に物事をとらえ，現状をより望ましい状態に到達させるために何が必要かをつねに考える批判精神が必要になるだろう（**問題意識**）。第2に，特定の問題意識の下，その問題解決に向けてさまざまな代替案，選択肢を想像できるよう，できるだけ広い視野での探索を行う必要がある（**大局探索**）。そのためには，特定の組織に閉じ込められないような広い範囲でのコミュニケーションを意識すれば，たとえば同じ問題を抱える同業種の人たち，あるいは一見無関係と思われる異業種の人たちから問題解決の糸口をえることができるかもしれない。ここでは，第2章で述べた類推的推論の能力が必要となろう。第3に，異業種の人たちからビジネス・モデル，戦略，組織のあり方などについて単に話を聞くだけではなく，そうした話からえた教訓を，世界を変えていくために自社でどう利用できるかを考えていかねばならない（**観察学習**）。そして第4に，そうした一連の教訓を組み合わせることで，新規事業の生成につなげていかねばならない（**新結合**）。

　従業員が会社の価値創造・価値獲得にとって有用な不可欠性をもつ人材になるためには，世界を変えるという大きな問題意識をもち，実際に世界へと飛び出していけるほど大胆な行動力が必要とされることはいうまでもない。ただし，会社をよりよくするという小さな問題意識にとどまっているようであれば，第2の条件を満たせず，結局は，越境力をもつグローバル人材への道は妨げられてしまい，会社を持続可能なグローバル企業に転換するためのネイティブ・ケイパビリティの開発・蓄積に貢献できないことになろう。

　この点で，たとえば東日本大震災の被災地の復興に向けた「が

んばろう！日本」というスローガンでは，被災地についても，日本についても，復興という目的をはたすうえで十分な効力を発揮できないのではないか，という一抹の不安を抱かせる。というのも，東日本大震災，福島原発危機にまつわる一連の問題を世界のなかに位置づけ，問題の発見・解決に必要な資源・ケイパビリティを・グ・ロ・ー・バ・ル・に動員しうるような仕組が必要だと思われるからである。そうした問題の所在を被災地に，あるいは日本に限定しているだけでは，新しい国のかたちについての問題の発見・解決は不十分にしか行われず，適切な解はおそらく見出せないまま終わってしまうだろう。

トレンチ戦争をとらえる比較の視点
── バーバリーとアクアスキュータム

　個人が越境力を身につけるには，比較の視点が必要である。たとえば，会社を1社ずつみても，各社を創業した起業家の数だけ異なるビジョンがあり，それにもとづき異なる歴史がある。本書で紹介してきた理論は，現実の会社の多様な戦略，ビジネス・モデル，組織，ガバナンスといった仕組の類型化をつうじて理解するためのフレームワークである。だが，理論が複雑な物事を単純化しているからといって，現実の仕組が単純だということにはならない。むしろ，複雑な現実を理解するためにひとまず単純化することで，仕組を新たに複雑化するための土台を与えるのが理論だといえる。実務的な観点からすると，仕組が単純なままでは他社に模倣されてしまうので，とりわけ経営者には，戦略策定・組織デザインなどの場面で仕組の複雑化という作業が必要とされる。その際，他社と比べてどの程度，自社を運営する仕組が複雑

化しているか，そしてそれによってどのような業績を実現しているか，という比較の視点が求められる。

たとえばここで，トレンチコートの代表的メーカーの比較をしよう。トレンチコートは，第1次世界大戦のイギリス軍に起源があるといわれるが，その代表的メーカーとして知られるのは，バーバリー（Burberry）とアクアスキュータム（Aquascutum）である。バーバリーは，1856年にトーマス・バーバリー（Thomas Burberry）によって創業され，1920年代にはそのアイコンとでもいうべきバーバリー・チェックがつくられ，コートの裏地につかわれるようになった[6]。バーバリーは1955年，グレート・ユニバーサル・グループ（Great Universal Group）によって買収された[7]。他方，アクアスキュータムは，1851年にジョン・エマリー（John Emary）によって創業されたが，1990年にはレナウンに買収された。レナウンは2009年，リストラクチャリング（事業再構築）の一環としてアクアスキュータムをブロードウィック・グループ（Broadwick Group）に売却した結果，約35億円に及ぶ損失を被った[8]。

そして両者は，買収のターゲットになったという点だけでなく，ロイヤル・ワラントをうけた —— イギリス王室御用達となった —— という点でも共通する。だが結果的に，バーバリーは売上高を伸ばしてきたのにたいして，アクアスキュータムは2012年4月に経営破綻してしまった。主にバーバリーの成功は，CEOのアンジェラ・アーレンズ（Angela Ahrendts）とCCO（Chief Creative Officer）のクリストファー・ベイリー（Christopher Bailey）が新世代に向けて伝統ブランドの再発明に取り組み，若手のスター（たとえば，ハリーポッター・シリーズでハーマイオ

ニーを演じたエマ・ワトソン［Emma Watson］）を広告キャンペーンに起用し，フェイスブック，ツイッターなどのデジタル・プラットフォームを活用することで，クールなブランド・イメージを構築したことに求められる。それにより，若年層の新規顧客を取り込むことに成功した。他方，アクアスキュータムは，長期にわたって伝統にこだわるあまり昔からのイメージを引っ張り，高齢層の既存顧客にしか価値を提示できなかった[9]。

あるいは，イギリス王室における新旧の世代間の嗜好に注目し，「カミラ夫人のアクアスキュータム 対 ケイト妃のバーバリー」という対立図式をみれば，**トレンチ戦争**の結末は簡単に読めてしまうだろう。過去をひきずるか，未来をみすえるか。結局，会社を運営する仕組を時代にあわせて複雑化することにより，将来の消費を支える若い世代を顧客として取り込めなければ，会社の将来は保証されない。会社は，つねに新奇性を求めて走り続けていかねばならない。同じ場所に立ち止まろうとしたその瞬間，競争のダイナミクスによって市場から退場を余儀なくされてしまう。逆にいえば，同じ場所に居続けている会社がいつまでも淘汰されないようであれば，それは，適切な市場，それを支える制度が存在していないことを意味する。

こうした比較の視点によって，自社と他社の仕組の違い，それにもとづく業績の違いを把握し，自社の存続・成長をどのように実現できるか，という問題意識をもつことが，会社で働く人々には求められる。彼らは，秩序という名の旧来の物事の仕方に固執したり，あるいは会社という枠にとらわれて視野狭窄に陥っているようであれば，比較をつうじた学習はかなわないだろう。会社は，その大部分がこうした人々によって占められることになれ

ば，越境力をもつグローバル人材を育成することはできないだろうし，したがって，組織としてネイティブ・ケイパビリティを発展させることもできないだろう。

広い視野をもち競合の急襲に備える —— ナイキとリーニン

とくに近年，たとえばデジカメカメラをみればわかるように，競争のあり方が複雑化した。従来のカメラメーカー（たとえば，ニコン，キヤノン）にとどまることなく，エレクトロニクス・メーカー（たとえば，パナソニック，ソニー）やフィルムメーカー（たとえば，富士フイルム）すらも市場へと参入し，異業種の会社間の競争が展開されるようになった。こうした競争環境において，視野狭窄のために適切な比較ができないということは，競争での敗北を意味しよう。

このように競合は，異なる業界から自社とは異なるビジネス・モデルを携えて出現する。さらにいえば，グローバル時代にはそうした競合が海外から突如として出現しうる。昨日を生きることは，会社にとって敗北への呪文を意味する。近年，とくにBRICsの台頭などという話題が取り上げられ，ブラジル，ロシア，インド，中国にたいして人々の関心が向けられるようになった。だからといって，それ以外の国を無視してよいということにはならない。業界，国などについてできるだけ広い範囲にわたる探索を意識すれば，比較のターゲットはほぼ無限の広がりをもち，変化のきっかけを見出せるかもしれない。

この点で，スポーツメーカーをみてみよう。たとえば，1972年にフィル・ナイト（Phil Knight）とビル・バウワーマン（Bill Bowerman）が創業したナイキ（Nike）はどうだろうか。オレゴ

ン大学の陸上コーチをつとめていたバウワーマンは、アスリートに競争優位を与えるべくシューズのイノベーションが必要だと考えていた。しかし、1950年代の既存メーカーの製品では不十分だったため、自分でシューズの修繕をはじめたほどだった。他方、中距離走の選手としてバウワーマンとつながり、スタンフォード・ビジネススクールでMBAを獲得したナイトは、ドイツのメーカーと競争するには日本での高質シューズの生産が必要だと考え、まずアメリカでのオニツカタイガーの代理店になるべく日本の神戸本社を訪れて説得した。その後、首尾よくその代理店となったナイトは、サンプルをバウワーマンに送付すると、彼からビジネス・パートナーになりたい、と逆に提案をうけた。そして1964年、2人はブルー・リボン・スポーツ（Blue Ribbon Sports）を設立した。その後、オニツカタイガーとの関係を終結させ、自社ブランドのシューズのデザイン・製造に着手し、「スウッシュ（Swoosh）」とよばれるロゴがつくられることになった。そして1978年には、社名をナイキに変更したのだった[10]。ナイキは現在、グローバル市場においてスポーツメーカーとしての安定した地位を確立するにいたった。

　他方、BRICsの1つである中国市場には、ナイキ、アディダス（adidas）とともに競争を展開するリーニン（Li Ning）が存在する。この会社は、体操のオリンピック選手だった李寧によって1989年に創業された。彼は、試合で外国メーカーのウエアを着用していたが、いつか中国ブランドのウエアを着たい、という夢を抱いた。そして、その夢を実現すべく創業に取り組んだといわれる。当初、この会社の製品は質がそれほどよくはなく、ナイキやアディダスの二番煎じといった印象が強かった。しかし近

年、さまざまな人材を取り込みながら、世界市場をターゲットにデザイン戦略、成長戦略に注力するようになった。こうした会社が勢いをつけ、さらに他社の新規参入が加速するようなことになれば、ナイキの競争優位も時間とともに侵食されることになろう。したがって会社は、こうしたグローバル時代の競争環境の変化も考慮に入れ、広範囲にわたる大局探索を続け、潜在的な競合の急襲に備えておかねばならない。この点で、広い視野にもとづく比較の視点が意味をもつ。

経営の日常化

ところで経営は、われわれの生活を支えているさまざまな組織、これらが提供する財・サービスと切り離すことができないものである。にもかかわらず、経営を単に経営者の役割と決めつけ、自分の頭で経営について考えることを避けていないだろうか。とくに福島原発危機の後、さまざまな問題を抱えることになったポスト3.11時代の日本に住む人々にとって、自分、身近な組織、会社、国、世界といった広がりのなかで、そうした深刻な問題を、世界を射程とした広い視野でとらえて解決していくことが求められる。実はその際、経営の要諦をおさえるビジネス・センスは重要な意味をもつように思われる。

この点で近年、経営にかんして人々が日常的話題として扱えるほどわかりやすく説明し、啓蒙に取り組む、という**経営の日常化**とでもいうべき動きが確認される。第1に、『もしドラ』が挙げられる。つまりそれは、ダイヤモンド社から2009年に出版された『もし高校野球の女子マネージャーがドラッカーの「マネジメント」を読んだら』（岩崎夏海著）という小説のタイトルの略称

である。ベストセラーとなり公式サイト[11]まで立ち上げられ，テレビアニメや映画になったほどである。この本は，ある公立高校の野球部のマ・ネ・ー・ジ・ャ・ー・である川島みなみが，甲子園とは無縁の野球部を甲子園に連れていくという目標を実現するため，書店でたまたま店員にすすめられたピーター・ドラッカー（Peter Drucker）の本をたよりにマ・ネ・ジ・ャ・ー・，すなわち経営者として組織デザインに取り組んでいくストーリーである。

この本のなかでは，「経営者には，真摯さという後天的に獲得できない資質が求められる」「マーケティングは，会社にたいして顧客の欲求・現実・価値からはじめることを求める」「イノベーションとは，新しい満足を生み出すことであり，それは外部世界への影響によって測定される」「イノベーションを実行する会社は，昨日を守るために資源をつかおうとはしない」「経営者が正統性をもち権限の基盤をえるのは，人々がもつ強みを生産的なものにするためである」など，ドラッカー経営学のさまざまな含意が紹介されている。

第2に，ワンピース経営学である。ワンピース（『One Piece』）とは，尾田栄一郎が描く日本の代表的なマンガの1つであり，麦わらの一味という海賊の船長モンキー・ルフィを主人公として，仲間との絆，冒険などのテーマの下で独特の世界観を提示する。さらに，作者への質問をうけつけるSBS，イラストを募集するウソップギャラリー海賊団などの仕組をつうじてファンとの共創を重視するだけでなく，テレビアニメ，映画，展覧会など幅広い媒体での展開がなされつつある。

こうしたワンピースの壮大な世界を対象として，経営学の視点からリーダーシップ，HRM，組織デザインなど多岐にわたる問

題を論じる，いわゆるワンピース経営学の本が出版されてきた。なかでも，アスコムから2011年に出版された『ルフィの仲間力』（安田雪著）は，ネットワーク分析という観点から人間関係を問題にしている。そのタイトルにもあるように，仲間を集め，仲間同士で助け合い，信頼を強め，一緒に成長していく力に着目し，大切な仲間が信頼する人であれば信頼に値し，結果的に大切な仲間がひとつなぎになっていくことを示した。

ただし，『もしドラ』にせよ，ワンピース経営学にせよ，人がつくり上げた架空の話であり，しかも一時代の流行にすぎないのであって，それらを経営学の対象にすること自体，そもそも意味などないのではないか，と手厳しい意見を述べる人たちがいるかもしれない。しかし，ハイエク，マルクス，ケインズなどの偉大な思想家が生み出した理論の世界観が人々の認知にたいして経時的に影響を与え，世界の進歩に貢献してきたのと同様，小説・マンガの世界観もそうした認知的な影響力をもつことを軽んじてはならない。理論，小説・マンガともに，重要な意味をもつ**人工物**（人がつくり出したもの）なのである。世代——たとえば，昭和一桁世代，団塊世代，バブル世代など——によって，影響をうけた媒体はそれぞれ異なっているかもしれないが，そうした人工物が彼ら自身の世界観の形成に影響を与えたことに変わりはない。

また近年，とくに日本のマンガは，クール・ジャパンのアイコンとして世界的にも注目されているだけでなく，昭和後期以降・平成生まれの世代の世界観にたいして大きな影響を及ぼしてきた。このことは無視できまい。この点で，マンガとスポーツの関係はとりわけ顕著だったように思われる。たとえば，『キャプテン翼』をみてサッカーをはじめた人たち，『SLAM DUNK』をみ

てバスケットボールをはじめた人たちが、どれくらい周りにいたか思い出そう。あるいは、中国では『ドラえもん』や『一休さん』などのテレビアニメをみたことで、日本文化や日本語に関心をもつ人も多いという。

　スポーツと同じく経営がさまざまな媒体をつうじて人々の手に届きやすいところまでおりてきて、日常的話題として取り上げられること自体、人々のビジネス・センスの育成にとって一見有効であるように思われる。ただし注意せねばならないのは、手を伸ばす努力を惜しまず、実際にそれなりの費用 —— もちろん、金銭的な費用に限らない時間や労力など広い意味での費用 —— を負担しなければ、ビジネス・センスなど身につけられるわけがないということである。しかもドラッカーがいうように、後天的には獲得できない**真摯さ** —— 英語では "integrity"、すなわち一貫したまじめさ —— が、経営には不可欠なのだとすれば、経営者になるのはそう簡単なことではないだろう。

　他方で経営学者のなかには、小説、マンガなどを邪道とみなす、あるいはそれらをあまり気にかけることもなく、論文、本、セミナーなどの王道にしたがって経営の要諦を広めようと奮闘している人たちも多い。しかしそれでは、専門知識に関心のあるごく少数の限られた人たちにしかコンテンツを発信できないという問題点がある。そこで今後、彼らのなかには、たとえ学界のなかで邪道といわれようとも、小説、マンガなどの万人に理解されやすい媒体を用いて、コンテンツを発信しはじめる人たちが増えるかもしれない。いずれにせよ経営学者は、現実世界でおきていることから学ぶという実学の精神にもとづいてさまざまな知識を生み出し、理論、分析道具、フレームワークなどを構築することに

よって問題の発見・解決に貢献するのが，1つの理想的な姿ではないかと考えられる。だがそれによって，直接的ないし間接的に世界をよりよくすることができれば，さらに望ましいのではないだろうか。

EBMで真摯さを超える

少し難しい表現を用いれば，人間の認知によって生み出された人工物が現実世界のあり方に影響を及ぼし，さらに現実世界が人間の認知に影響を及ぼす。こうした相互作用の重要性について，ジェフリー・フェファー（Jeffrey Pfeffer）とロバート・サットン（Robert Sutton）が生み出した **EBM**（evidence-based management：事実にもとづいた経営）とよばれる考え方にふれておきたい[12]。それは，医療分野で同じく EBM（evidence-based medicine：エビデンスにもとづいた医療）とよばれる，最新かつ最善の医療情報を活用するという考え方に影響をうけている。ただし以下では，経営の EBM にしぼって話をしよう。

さきほど，広い視野にもとづく比較が大切だと述べた。他社のパフォーマンスを対象とした比較は，**ベンチマーキング**として一般的には知られ，経営手法の1つとして広く活用されるようになった。たとえば自動車業界では，高業績を実現してきたトヨタのベンチマーキングがさかんに行われ，その独特な生産システムであるトヨタ生産方式の研究が行われた。しかし，競合がトヨタから取り入れたのは，問題をみえる化させるためのアンドンなど目につく装置に限定されていたため，当然といえば当然のことなのだが，結果的にはトヨタほどの高業績を実現できなかった。

フェファーとサットンは，こうしたわかりやすい要素の模倣を

浅いベンチマーキングとして批判する。そして，成功した他社の模倣が自社の成功につながるとは限らず，時間の経過のなかでの環境変化をもふまえ，過去にうまくいったように思われる物事を何も考えずにくり返すことを避けねばならない，と警告する。この警告にかんして，彼らは以下の興味深い話を示す。すなわち，ある患者が体調を壊したので医者に行くと，その医者はその患者の容体を確認することもなく，突然，盲腸の手術をするといい出す。患者が医者にその理由を聞いてみると，その人の前に診察した患者が盲腸で，その手術がうまくいったからだ，と答えた。つまりこの話は，過去にうまくいったと思われる物事を，何の根拠もなしにくり返すことの異常さを浮き彫りにしている。

彼らのそうした警告を無視し，失敗に突進していくのを避けるためにも，事実にもとづいた経営が求められるのである。つまりそれは，有効な物事，有効ではない物事についての事実だけでなく，危険な思い込みをまねきやすい半端な真実をも理解し，間違った経営の仕方を排除することである。要は，多くの人々によって当然視されている常識を疑い，事実のみを信じる，という客観的な経営の仕方にほかならない。

しかしわれわれは，マスメディアがほとんど無料で提供してくれる情報，さらにはインターネットやケータイなどをつうじてアクセスできる情報など，事実についての情報の量という点でめぐまれた世の中に暮らしている。その反面，事実についての情報の質という点では，それほどめぐまれているとはいえない。そのため，情報を取捨選択し，何が正しく，何が正しくないのか，についての判断力がますます求められつつある。情報のなかには，半端な真実も当然まぎれこんでいるだろうし，誰かが意図的に捏造

したものも含まれているかもしれないのである。

とくに経営者は，誰も疑わないから，という理由だけで業界の常識となっている半端な真実を鵜呑みにしてはならない。しかし，批判精神がないために思考停止に陥るべく陥ってしまった人たちに批判精神を求めること自体，そもそも酷なことなのかもしれない。あるいは彼らは，疑うということ自体，そもそもよいことではないので，秩序という名の既存の仕組を乱すことなく他の人たち追随するのがよいことなのだ，と自分で自分をマインド・コントロール，すなわち**自縛**しているのだろう。

経営者には，ドラッカーのいうように真摯さが必要なのかもしれないが，それ以上に，何に真摯になるかが大切なのであって，この点を見極めるための**思慮深さ**が求められている気がしてならない。もちろんそれは，国の経営者であるはずの首相にもあてはまることである。経営者が間違った物事に真摯さを発揮し，会社・国・地球の持続可能性を損なうという展開は，人類にとってけっして望ましいものではない。第4章でふれたように，朝立ちにまじめに取り組む政治家は日本に多いといわれるが，通勤で忙しい朝，誰も政治の話に耳を傾けるほど時間に余裕のあるビジネス・パーソンはいないだろう。政治家は真摯さを発揮しているつもりなのかもしれないが，誰も聞いていない政策をまじめに語るというのは，所詮，真摯であるふりをしているにすぎず，明らかに方向性が間違っていよう。

福島原発危機で求められる思慮深さ

日本を取り巻く状況は，2011年3月11日以降，東日本大震災，福島第一原発事故によってすっかり変わってしまった。こう

した劇的な環境変化を経験したのだから，経営についての考え方も抜本的に変えていく必要があるように思われる。にもかかわらず，日本に住む人々のなかには，何の変化も認識できていない人，変化を認識したが何も変わっていないかのようにふるまおうとする人，変化を認識して何かを変えようと必死になっている人など，さまざまなタイプの人がいるだろう。

　大島堅一立命館大学教授によれば，福島第一原発事故には5つの特徴がある[13]。第1に，世界ではじめて地震・津波によって生じた原発事故だという特徴である。第2に，複数の原子炉での事故，複数の使用済核燃料プールでの冷却機能喪失という特徴である。第3に，スリーマイル島原発事故では数日，チェルノブイリ原発事故では数週間でそれぞれ事態の収束が図られたが，事故の収束にきわめて長い時間を要しているという特徴である。第4に，被害地域が広域だという特徴である。第5に，福島第一原発周辺では放射能汚染により地域共同体が破壊され，長期的に生活環境が失われることになったという特徴である。

　国，地方自治体，会社などのリーダーと目されている人たちは，福島第一原発事故から発展した福島原発危機をはじめ，エネルギー政策，TPP，増税，国防，少子高齢化，ガラパゴス化などの一連の難問に，環境変化をふまえながら迅速かつ適切に対処していかねばならない。しかし彼らのなかには，自分たちの組織を経営していくうえで環境変化を見極めることができず，何に優先順位をおくべきかを判断するための思慮深さを欠き，故障した機械のように同じことをくり返すのに真摯になっている人もみうけられる。

　ここで，先のフェファーとサットンの医者と患者の奇妙な話を

思い出そう。彼らには真摯さはあるが，(陳腐化した) 秩序の維持という限られた物事にたいする真摯さにとどまっているということだろう。グローバル時代においては真摯さも大切だが，広い視野をもち何のための秩序かを問い，もし必要であれば，秩序の変化を思慮深く模索していかなければならない。

経営者にせよ，政治家にせよ，官僚にせよ，国，地方自治体，会社を経営するために大きな重荷を背負いながら，日々，それぞれの組織の存続・発展に向けて貢献してきた。日本の会社経済は，彼らの貢献なくしてこれまでの発展はなかったし，今後も彼らの貢献が必要であることに間違いない。しかしグローバル時代においては，彼らの真摯さが環境変化によりもはや陳腐化した秩序の維持に向けられていることが問題なのである。しかし第6章でみたように，日本では，彼らのそうした不適切な行動を規律づけるためのガバナンスがうまく機能していないようである。

だが，どうすればよいのだろうか。もちろん，安易な政治批判・官僚批判はかならずしも生産的ではなく，かえって有害だと心得ておく必要があろう。むしろその代わり，いつのまにか日本の会社経済を覆いつくしてしまった自縛の連鎖から，間違った方向に向けられた真摯さから，そして間違った方向を修正できない思慮深さの欠如から，日本の中枢をになう人々を含むわれわれ自身を解き放つ必要がある。とくに現在の日本において，われわれを，組織を，地球を守るためには，自分の力で，空虚化した秩序の維持そのものから一歩をふみ出す必要がある。

われわれは，福島原発危機をはじめとした難問に直面しているからこそ，実行できること，実行しなければならないことがある。実学としての経営――そして，もちろん実学としての経営学

—— は，現実世界での物事の実行をつうじた学習を必要とする。とくにポスト3.11時代において，実行をつうじて学んだことを世界に発信し，究極的には地球の持続可能性に貢献していかねばならない。福島原発危機は，われわれが実学の精神にもとづき問題の発見・解決を実行することで，世界に貢献する機会を与えてくれた。したがってグローバル時代の経営は，日本にとどまらないよりよき世界の実現という目標を志向するものでなければならない。その主な考え方を述べれば，以下の3つにまとめられる。

第1に，人を動かすという視点に加え，**自分を動かす**という視点をもつことである。つまり，これからの経営には，自分を自縛から自由へと解き放ち，自分を正しい方向に動かす，という自己経営も求められることになろう。そのためには，マーシャル流の熱いハート，冷静な頭脳，そしてシュンペーター流のイノベーションに向けた機敏な行動力の育成につとめなければならない。経営学がこれからの経営に貢献できるとすれば，単に，人に動かされるための奴隷の学問としてでも，人を動かすための主人の学問としてでもない。経営学は，自分が自分の主人だという当たり前のことを再認識させることで，組織・国・地球の持続可能性に貢献しうる学問として生まれ変わる可能性を秘めている。

第2に，リスク・マネジメントに加え，**カタストロフィ・マネジメント**を実践していくことである。とくに日本では，会社法によって株式会社による損失のリスクを管理するシステム整備だけでなく，いわゆる日本版SOX法によって財務関連のリスクを管理するシステム整備も必要とされるようになった。つまり近年，会社には法によってリスク・マネジメントが求められるようになった。

だが福島第一原発事故の事例のように，自然災害を契機として原発事故が発生するリスクを客観的に評価することは難しい。その被害の大きさは地球規模に，そして損害の大きさは莫大な額に及びうる。したがってこれからの経営は，計算可能なリスクだけでなく，不連続的におこりうるカタストロフィをも対象にする必要があろう。つまりそれは，リスクの組織的な管理とそれにともなう損害の回避・軽減を図るリスク・マネジメントとともに，稀にしかおこらないがおきた場合の損害が莫大な額に及ぶカタストロフィの発生を未然に防ぎ，その影響の回避・軽減を図るカタストロフィ・マネジメントを同時追求することを意味する[14]。この点で，物事の捉え方についてのパラダイム・シフトが求められよう。

第3に，専門性に加え，**越境性**に注意を払うことである。福島原発危機では，人類が未経験の難問を扱う必要が生じた。これからの経営は，現実世界において，会社，国などの境界を超えてグローバルにケイパビリティの配置・再配置を行い，そうした問題を解決していかねばならない。他方，理論世界において，経営学，経済学，放射線医学，環境解析学などといった社会科学・自然科学の学問分野の境界を超えた超学際的な研究が求められる。

現実，理論のどちらの世界で活動するにせよ，究極的には地球の持続可能性の実現が目標とされるべきである。主に1970年代に議論されたように，**iPat**とでもいうべき環境負荷の公式（$i = P \times a \times t$）によれば，地球環境にたいする負荷（i: human impact）は，人口（P: Population），豊かさにつながる消費水準（a: affluence），富を生む技術（t: technology）によって決まる。したがって地球の持続可能性は，人口を減らす，消費水準を

下げる，技術進歩を実現する，といった解決策の実行を必要とする。

以上，グローバル時代にふさわしい経営を実践した結果，日本という国，日本の会社がダイナミック・ケイパビリティの開発により秩序のイノベーションに成功したとき，それぞれ持続可能なグローバル国家，持続可能なグローバル企業として新たによみがえることになろう。そして，競争と多様性に向けた変化を促すことによって，秩序の中身を問うことなく，われわれ自身を秩序の維持それ自体に縛りつけるだけでは実現できない，より豊かな秩序に特徴づけられた会社経済を生み出すことになろう。われわれは今，競争と多様性の利益の実現に向けて，会社・国の再構築へとすすむべき転換期をむかえている。今こそ，過去をひきずるのをやめ，未来をみすえようではないか。

トーク・テーマ

♥ ナイキは，デザイン，マーケティングは自社で行う一方，工場をもたずに生産をアウトソーシングしている。そしてその成功とは裏腹に，とりわけこの会社が採用していたスウェット・ショップ（搾取工場）へのアウトソーシング戦略にたいして批判が集まったこともある。ナイキのようにアウトソーシング戦略を採用している会社を他に挙げ，その会社について調べ，なぜ自社生産ではなくアウトソーシングを選択しているのか考察しよう。そして，スウェット・ショップにかんする問題をCSR（会社の社会的責任）という観点から議論してみよう。

さらに深く学びたい人へ

★ 谷口和弘(2012)『日本の資本主義とフクシマ ── 制度の失敗とダイナミック・ケイパビリティ』慶應義塾大学出版会の第4章を読み,日本の資本主義が抱える問題点について議論しよう。

参 考 文 献

1 『日本経済新聞』(2011年3月20日)。
2 Thomas Friedman (2005), *The World Is Flat : A Brief History of the Twenty-First Century*. New York : Farrar, Straus, and Giroux. (伏見威蕃訳『フラット化する世界 ── 経済の大転換と人間の未来(上)(下)』日本経済新聞社,2006年)。
3 Pankaj Ghemawat (2007), *Redefining Global Strategy : Crossing Borders in a World Where Differences Still Matter*. Boston, MA : Harvard Business School Press. (望月衛訳『コークの味は国ごとに違うべきか ── ゲマワット教授の経営教室』文藝春秋,2009年)。
4 「需要を掘り起こせ生活の中に商機あり ── サムスン200人が赴任する『地域専門家』」『週刊東洋経済』2010年6月19日号,pp.58-59。
5 「内向き打破の人作り」『日経ビジネス』2010年6月21日号,pp.38-40。
6 http://www.burberryplc.com/bbry/corporateprofile/history/を参照。
7 http://www.competition-commission.org.uk/rep_pub/reports/1983/fulltext/161c03.pdf を参照。
8 http://www.bloomberg.co.jp/news/123-KPMMOZ6TZ02Z01.htmlを参照。
9 http://www.independent.co.uk/news/business/analysis-and-features/trench-warfare-burberry-vs-aquascutum-7654738.html を参照。
10 http://nikeinc.com/pages/history-heritage を参照。
11 http://moshidora.jp/を参照。
12 Jeffrey Pfeffer and Robert Sutton (2006), *Hard Facts, Dangerous Half-Truths, and Total Nonsense : Profiting from Evidence-Based Management*. Boston, MA : Harvard Business School Press. (清水勝彦訳『事実に基づいた経営 ── なぜ「当たり前」ができないのか?』東洋経済新報社,2009年)。
13 大島堅一(2011)『原発のコスト ── エネルギー転換への視点』岩波書店。
14 カタストロフィは,不確実性に関する事象であるため,リスクと違って計算できるものではない。したがって,そもそも経営の対象にはなりにくい。「カタストロフィ・マネジメント」というよび方をするにせよ,本質的にそれは,経営というより企業家精神を要する活動として扱うべきだろう。

索　引

人名索引

青木昌彦　104
アダム・スミス　197, 53
アドルフ・バーリ　192
アマルティア・セン　24
アルフレッド・チャンドラー　53
アルフレッド・マーシャル　24
イサドア・シャープ　168
岩井克人　196
植竹晃久　102
江崎利一　155
エディス・ペンローズ　94, 134
オリバー・ハート　92

ガーディナー・ミーンズ　192
カール・マルクス　200
木川田一隆　6, 156
具志堅宗精　160, 172
クリストス・ピテリス　206, 210
クレイトン・クリステンセン　121
五島慶太　158
小林一三　155
コンスタンス・ヘルファット　146

サイモン・ディーキン　77
ジェイ・バーニー　133
ジェームズ・マーチ　42
渋沢栄一　159
ジャン・リブキン　71
ジョゼフ・シュンペーター　66
ジョバンニ・ガベッティ　71

ジョン・ナッシュ　44
ジョン・ロールズ　4
ジョン・ロバーツ　174
スティーブ・ジョブズ　7, 109, 133

ダグラス・ノース　44
チェスター・バーナード　178
チャルマーズ・ジョンソン　201
デビッド・ティース　117

ハーバート・サイモン　42
パンガジ・ゲマワット　217
ピーター・ドラッカー　226
ピーター・マンスフィールド　13
福澤諭吉　18
藤沢武夫　185
フリードリッヒ・ハイエク　194
ヘンリー・フォード　181
ポール・ラウターバー　13
ポール・ロバートソン　95
本田宗一郎　7, 185

マイケル・ポーター　126
松下幸之助　68
松永安左ヱ門　6, 156, 85
宮島英昭　203
ムハマド・ユヌス　211
リチャード・ラングロワ　54, 95, 199
ロナルド・コース　44

事項索引

◆ 欧 文
BOP 210, 216
BRICs 28
EAR 130
EBM 229
EMS 134
iPat 235
Jパワー 208
Jパワー事件 209
LRT 198
M&A 30
MBA 8
MRI 13
M型組織 176
PDCAサイクル 112
SCPパラダイム 127
TPP 30
U型組織 176
VRIOフレームワーク 135
X非効率性 89

◆ あ 行
アウトソーシング 54
アクアスキュータム 221
浅いベンチマーキング 230
アサヒビール 218
アップル 7
アナロジー 44, 65, 71, 72
アバクロンビー・アンド・フィッチ 142
アブダクション 56, 64
アマゾン 124
アンカリング 57, 61

イケア 131
意思決定 40, 41
イニシアチブ 183

イノベーション 11, 33, 66
──のジレンマ 121
インセンティブ・システム 73
インテグレーティブ・シンキング 34

薄い市場 206
内向き志向 122

エージェンシー費用 193
越境性 235
越境力 3, 14, 26, 217, 218
エネルギー政策 4, 5
演繹 55

オープン・イノベーション 23
オックスフォード大学 32
オリオンビール 160, 165
オリンパス事件 202, 209
カーネギー学派 70

◆ か 行
会社 13, 77, 100
──経済 21, 204, 207, 236
──法 101
開発主義国家 201
拡張的認知資産 13
確証バイアス 59, 61
隔離メカニズム 120, 134
カタストロフィ・マネジメント 234
価値獲得 112, 116
価値曲線 145
価値創造 109, 112, 116
活動システム 133
可能世界 35, 55
ガバナンス 37

―のガラパゴス化　22, 62, 206, 209
株式会社　13, 102
株式相互持ち合い　201
ガラパゴス化　11, 20, 122
カリスマ的リーダー　7
　―リーダーシップ　134, 156, 185
カルテル　25
関係特殊投資　93
観察学習　35, 67
完全競争　79
　―企業　84
完全合理性　42
官僚　9

消えゆく手　54, 199
機会主義　193
企業　13, 78, 92, 94
　―家精神　25, 186
　―境界　125, 184
　―形態論　102
　―の失敗　100
規制の虜　206
帰納　55
規模の経済　87, 198
基本財　4
　―毀損問題　21, 36
基本戦略　131
キヤノン　120
旧制度主義　44
供給曲線　80
共創　215
競争優位　131
共有知識　46
　―の公的表象　45
協力　183
ギリシャ危機　123

クラスター　53
グラミン銀行　211

グローバル化　11, 28, 217
グローバル時代　3
グローバル人材　215, 223

経営　36, 37, 186
　―の日常化　225
計画停電　58
ケイパビリティ　15, 94
　―移転　37
契約の不完備性　92
契約理論　103
ゲームの均衡　138
ゲームのプレイヤー　138
ゲームのルール　138
ゲーム理論　137
限界収入　82
限界費用　82
現実感覚　12, 20
原子力発電所　4
限定合理性　42, 174
原発　4
ケンブリッジ大学　24, 32

コア・コンピタンス　17, 136
合資会社　13, 103
合同会社　13, 103
行動経済学　56
行動予想　45, 46, 49
合名会社　13, 103
効用　43
合理性　42
合理的選択型の意思決定　42
コーディネーション　174
　―・メカニズム　53
コーペティション　141
コーポレーション　14, 104, 105, 202
コーポレート・ガバナンス　104, 106, 192, 193, 194
国際感覚　17

コスト・リーダーシップ戦略　130
コモディティ化　121
コンプライアンス　26

◆ さ　行
差別化戦略　130
サムスン　217
参入障壁　85
残余コントロール権　93

事業単位　176
シグナリング　8
資源ベース論　2, 133
自己経営　36, 234
資産のオーケストレーション　147
システム　27
　　—思考　27
自然独占　88
持続可能性　63, 123, 210, 234
実学　18
　　—の精神　16, 35, 228
シックス・パス　144
実効性　49
シネクドキ　51, 52
自縛　231, 233
支払意志額　88, 109
資本主義　196
シミリ　51
シャープ　130
社団資本主義　202
集合認知　105
集中戦略　130
自由放任　36
需要曲線　80
需要の法則　81
準則主義　102
シュンペーター・レント　134
準レント　134, 195
情報の非対称性　174, 193
ジョルジュ・サンク　170

ジョン・ルイス　181
思慮深さ　74, 231
事例研究　173
進化的適合度　147
真摯さ　74, 226, 228, 231
新制度主義　44

水道哲学　68
推論　54
スカンクワーク　17
スキーマ　65
スクリプト　65
スタック・イン・ザ・ミドル仮説　131
ステイクホルダー　103, 194
スピンオフ　17
住友ゴム　136

成果主義　183
成功症候群　149
制度　45, 46, 47
制度経済学　43
制度の複合的失敗　206
政府の失敗　100
セミグローバル化　28, 217
ゼロ利潤条件　146
選択集合の非凸性　181
選択と集中　136
専門的適合度　147
戦略キャンバス　145
戦略経営論　2
戦略的代替性　140
戦略的補完性　140

総括原価主義　85, 86

ソース　66
組織アーキテクチャ　106, 182, 184
組織イノベーション　186
組織革新　186

組織形態　175
組織デザイン　179, 185
組織文化　177
ソニー　111

◆ た 行
ターゲット　51, 66
大化の改新　113
タイト・カップリング・システム　182
ダイナミック・ケイパビリティ　30, 33, 36, 96, 146, 148, 150, 236
　―・フレームワーク　146, 147
ダイバシティ・マネジメント　18
代表性ヒューリスティクス　59, 63
代理学習　35
凧揚げ地帯方式　6, 86
多能　33, 148
探査　148, 184

地域独占　85, 86
地球温暖化　110
知識　1
秩序の維持　11, 73, 149, 233, 236
チャンドラー的企業　53, 197
超過利潤　78, 84, 134

デッド・ウェイト・ロス　88
デビッド・ティース　146
電気事業連合会　5
電源開発　208
電源三法　5
電事連　5

東京電力　58, 85, 98
統合思考　34
倒産　123
独占企業　84
独占レント　85
特化　32

共特化資産　148
トヨタ　115
　―生産方式　118, 229
トランスナショナル企業　29
取引費用　129
トレードオフ　182
トレンチ戦争　222

◆ な 行
ナイキ　223
内部告発　205
内部統制　207
ナッシュ均衡　138

日本版 SOX 法　208
ニューズ・オブ・ザ・ワールド　205
認知　40
　―活動　50
　―資産の不可欠性　106, 106, 195, 196
認知心理学　66
認知バイアス　57

ネイティブ・ケイパビリティ　212
ネオ・カーネギー学派　70

◆ は 行
バーバリー　221
ハイパーコンペティション　146
パターン認識　68
発掘　148, 184
発送配電一体　85
パナソニック　68
バランス感覚　17
バリュー・イノベーション　143
バリュー・チェーン　117, 132
バリュー・ネット　141
範囲の経済　198
反事実的条件法　35, 60, 62

比較制度分析　45, 49
ビジネス・モデル　90, 116, 117, 122, 157, 160, 169
ビジネススクール　7
ビジョン　110, 178
批判精神　3, 24, 219, 231
ヒューリスティクス　43, 56, 57

ファーストリテイリング　111
ファイブ・フォース・モデル　127
風評被害　64
フォー・アクション・フレームワーク　144
フォーカル・ポイント　177
フォーシーズンズ・ホテルズ・アンド・リゾーツ　168
不確実性　25
不完備契約論　92
福島原発危機　15, 87, 231, 234
福島第一原子力発電所　4
福島第一原発事故　4, 58, 98, 232
富士フイルム　149
ブルー・オーシャン　143
　―戦略　141, 143
フレキシビリティ　73, 180
プログラム持続性バイアス　206

ベース　51
ベンチマーキング　229

法人　195
　―資本主義　201
ホールドアップ問題　93
補完性　180
ポジショニング　126
　―論　127, 133, 143
ポスト産業資本主義　197
ホンダ　115, 195

◆ ま 行
マクドナルド化　28
マトリクス組織　176
マルチタスク　104
　―化　32
　―問題　184
みえざる手　53, 197
みえる手　197, 198

メタ・ナショナル企業　29
メタファー　51, 53
メディチ効果　34
メトニミー　51, 52
メンタル・シミュレーション　60, 62, 173

目的関数の非凹性　181
モジュール化　199
モジュール型システム　182
持株会社　202
持分会社　13, 103
モチベーション　9, 174
モデリング　35, 67, 158
ものづくりのガラパゴス化　21
モラル・ハザード　193

◆ や 行
ユニクロ　7, 129
要求水準　42

◆ ら 行
ラーメン二郎　27

リーダーシップ　178, 186
　―のガラパゴス化　21
リーニエンシー　26
リーニン　224
リカード・レント　134
利潤　82
　―最大化　84

利用可能性ヒューリスティクス
　　57, 60

類推的推論　35, 65
ルース・カップリング　71
　―・システム　182
ルーティン　25, 186
ルール遵守型の意思決定　42

歴史比較制度分析　45
レザー・ブレード・モデル　119,
　　160
レッド・オーシャン　142
レッド・クイーン効果　115
レトリック　50
レント　78, 134

ロジカル・シンキング　35
論理思考　35

◆　わ　行
ワンピース　226

著者略歴

谷口 和弘
たに ぐち かず ひろ

1999年　慶應義塾大学大学院商学研究科博士課程修了　博士（商学）
　　　　南開大学商学院（中国）訪問研究員
2003年　慶應義塾大学商学部助教授
2009年　慶應義塾大学商学部教授
2010年　ケンブリッジ・ジャッジ・ビジネススクール（イギリス）
　　　　アカデミック・ビジター
2011年　ケンブリッジ大学企業研究センター（イギリス）
　　　　招聘フェロー
2017年　南開大学中国コーポレート・ガバナンス研究院（中国）
　　　　招聘教授

主な著書

『日本の資本主義とフクシマ —— 制度の失敗とダイナミック・ケイパビリティ』（慶應義塾大学出版会，2012年）

『組織の実学 —— 個人と企業の共進化』（NTT出版，2008年）

『戦略の実学 —— 際立つ個人・際立つ企業』（NTT出版，2006年）　など

主な訳書

デビッド・ティース『ダイナミック・ケイパビリティ戦略 —— イノベーションを創発し，成長を加速させる力』（共訳，ダイヤモンド社，2013年）

クリストス・ピテリス他編『グリーン・バリュー経営への大転換』（NTT出版，2013年）

青木昌彦『コーポレーションの進化多様性 —— 集合認知・ガバナンス・制度』（NTT出版，2011年）　など

Ⓒ 谷口和弘　2012

| 2012年11月13日 | 初　版　発　行 |
| 2019年10月10日 | 初版第6刷発行 |

経　営　原　論
実学の精神と越境力

著　者　谷　口　和　弘
発行者　山　本　　格

発行所　株式会社　培　風　館

東京都千代田区九段南 4-3-12・郵便番号102-8260
電話(03)3262-5256(代表)・振替 00140-7-44725

東港出版印刷・牧 製本

PRINTED IN JAPAN

ISBN 978-4-563-00937-3　C3034